W0398563

Ablängen von Glasrohren

Für einige Versuche brauchst du gerade oder gebogene Glasrohre in bestimmten Größen. Glasrohre mit einem äußeren Durchmesser von 6 mm kann deine Schule preiswert beschaffen. Die Schule stellt auch eine Glasfeile und Spiritusbrenner oder Gasbrenner zur Verfügung. **Ablängen** bedeutet, etwas auf eine bestimmte Länge zu kürzen.

Sicherheit
Bei allen Arbeiten mit diesen Materialien und Geräten musst du zum Schutz deiner Augen eine Schutzbrille tragen. Du brauchst außerdem zum Ablegen heißer Glasrohre eine feuerfeste oder hitzebeständige Unterlage oder Platte.

Vorbereitungen

Du brauchst:
- 1 Schutzbrille
- 4 Glasrohre von ca. 15 cm Länge
- 1 Folienstift
- 1 Feile
- 1 Zange
- 1 Spiritus- oder Gasbrenner
- 1 feuerfeste oder hitzebeständige Unterlage

Sicherheit
Schutzbrille nicht vergessen!

So gehts

1. Markiere mit einem Fettstift oder einem Folienstift auf dem langen Glasrohr die Stelle, die du ablängen möchtest.

2. Ritze das Glasrohr mit der Feile nur an der markierten Stelle vorsichtig. Du darfst nicht um das ganze Rohr herum ritzen; die Bruchstelle wird sonst später sehr ungleichmäßig.

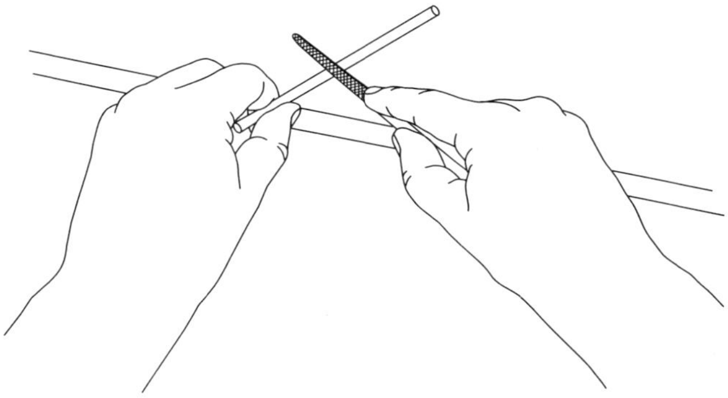

Herstellung und Vorbereitung von Geräten für Versuche: Glasrohre, Pipetten und Pipettenständer

1.2

❸ Halte das Glasrohr mit beiden Händen; die Daumen sind unterhalb des geritzten Glases.

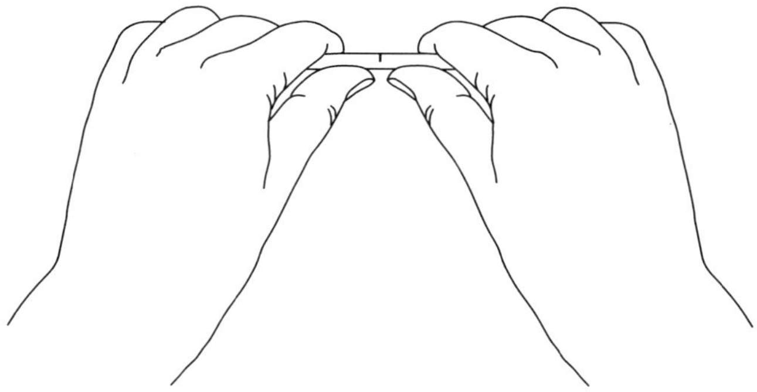

❹ Das Glasrohr wird mit einem Ruck durchgebrochen.

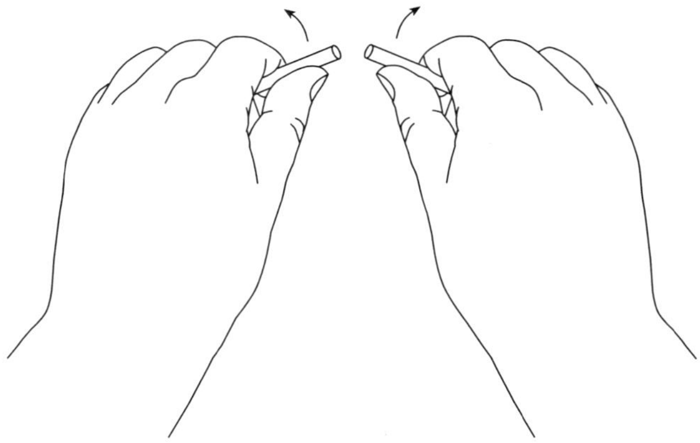

Sicherheit
Um Verletzungen beim Experimentieren zu vermeiden, müssen die scharfkantigen Ränder der abgelängten Glasrohre abgerundet werden.

❺ Halte die Rohröffnung in die Flamme eines Spiritusbrenners oder Gasbrenners, bis das Glas weich geworden ist.
Lege das heiße Glasrohr anschließend auf eine hitzebeständige Unterlage.

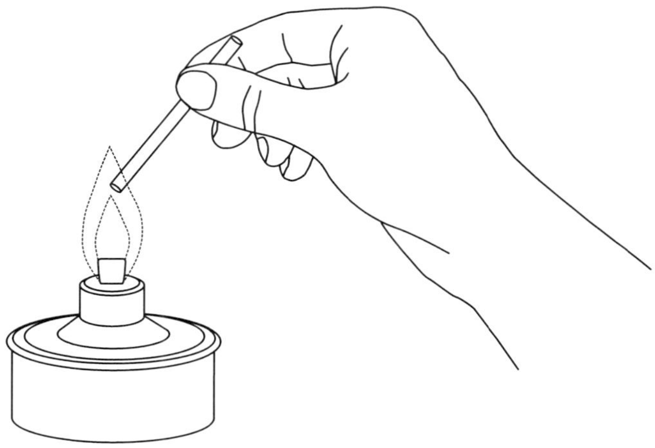

Biegen von Glasrohren

So gehts

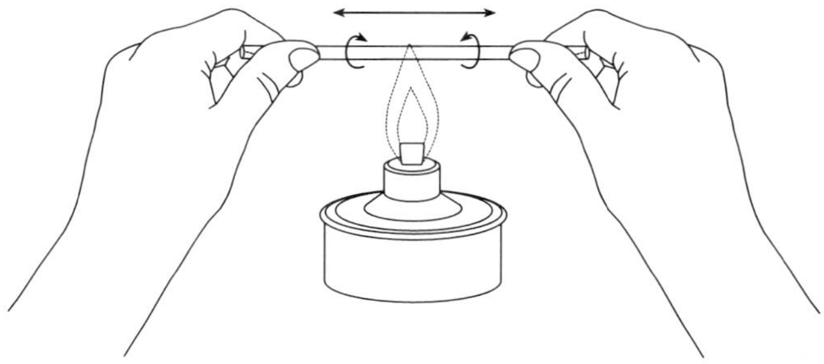

1. Über einem Brenner wird ein Glasrohr auf einer Länge von etwa 5 cm an der Stelle erhitzt, wo es gebogen werden soll. Dabei wird das Rohr in der Flamme drehend hin- und hergezogen.

2. Du merkst, dass das Glasrohr allmählich weich wird. Dann nimmst du das Rohr aus der Flamme und biegst es rasch in die gewünschte Form. Das gebogene Rohr hältst du so lange in der Hand, bis das Glas fest geworden ist.

3. Dann legst du es auf der Unterlage ab.

Herstellen von Pipetten

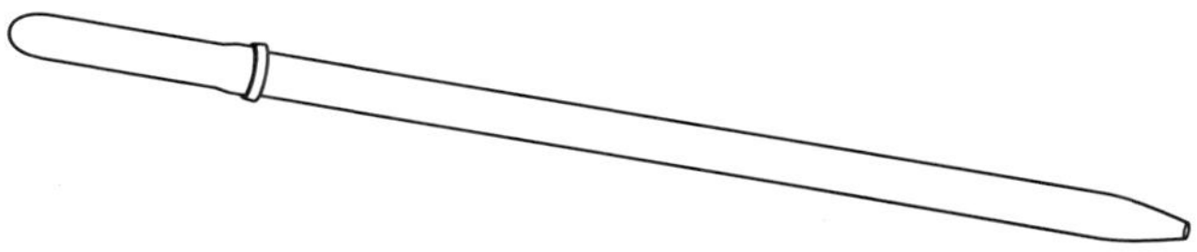

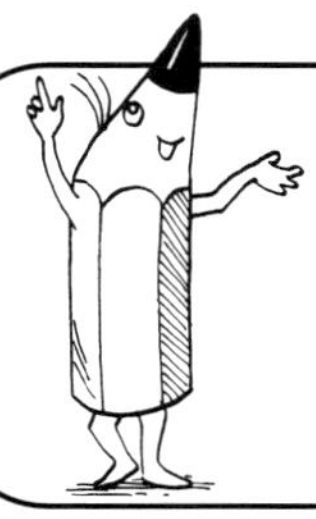

Hintergrund
Das Wort Pipette ist französisch und bedeutet „Pfeifchen". Pipetten sind gläserne Saugrohre mit einer verengten Spitze. Sie werden gebraucht, um kleinste Flüssigkeitsmengen (oft tropfenweise) zu dosieren oder einem anderen Stoff hinzuzufügen. Das Ansaugen von Flüssigkeit erfolgt durch ein aufgesetztes Gummihütchen.

So gehts

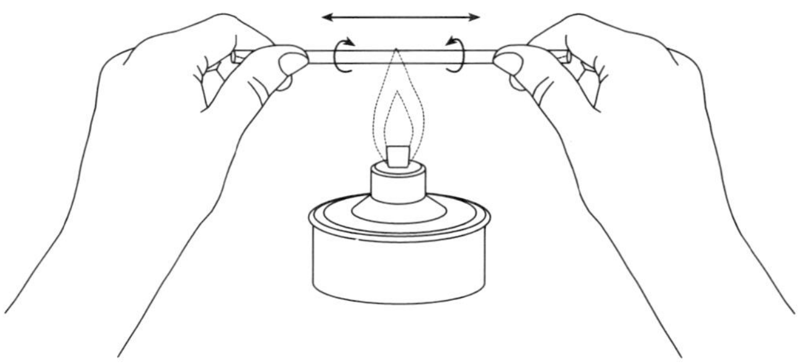

1. Zur Herstellung einer Pipette wird ein Glasrohr auf etwa 3 cm in der Mitte gleichmäßig erhitzt und langsam in der Flamme gedreht.

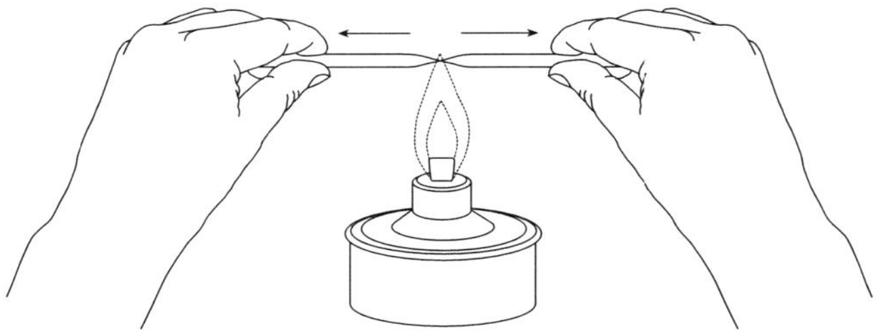

2. Wenn das Glas weich geworden ist, ziehst du es in der Flamme vorsichtig in die Länge, bis es die Form zweier Pipetten hat, die an der Spitze miteinander verschmolzen sind.

3. Dann nimmst du es aus der Flamme.

4. Halte das Glasrohr ruhig in den Händen, damit es die Form behält.

5. Wenn das Glas wieder hart geworden ist, brichst du das Rohr in der dünnen Mitte vorsichtig durch.

6. Die scharfkantigen Ränder der Pipettenspitzen musst du in der Brennerflamme abrunden lassen.

Sicherheit
Es kann passieren, dass die vielleicht sehr enge Öffnung der Pipette beim Abrunden zuschmilzt. Dann fasst du die Spitze knapp mit einer Zange und brichst sie über einem Restabfallbehälter ab. So bleiben keine Splitter auf dem Arbeitstisch. Anschließend schmilzt du die Spitzen wieder rund.

Herstellen eines Pipettenständers

Es kann vorkommen, dass man bei einem Experiment mehrere Pipetten für verschiedene Flüssigkeiten braucht. Dann werden die Pipetten nicht auf dem Arbeitstisch, sondern besser auf einem Pipettenständer abgelegt.

So gehts

1. Schneide die Form von der folgenden Abbildung sorgfältig aus, lege sie auf feste Pappe und zeichne die Umrisse zweimal nebeneinander nach.

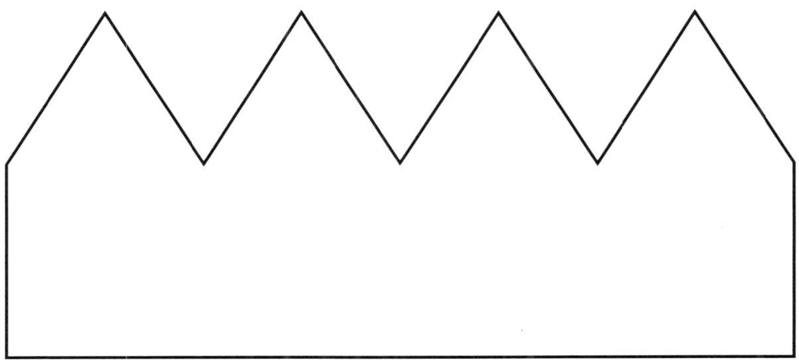

2. Nach dem Ausschneiden der Pappteile klebst du sie mit der unteren Seite längs an die langen Seitenflächen eines Bretts (10 cm x 5 cm x 1 cm). Der Pipettenständer ist fertig.

Labor-Rätsel

Trage die gefundenen Buchstaben in die Kästchen ein. Als Lösungswort erhältst du ein Laborgerät.

Was musst du zu deinem Schutz tragen?

S	C	H	U	T	Z	B	R	I	L	L	E
3							5				

Der Stoff, aus dem die Rohre sind:

G	L	A	S
1			

Damit ritzt du das Rohr:

G	L	A	S	F	E	I	L	E
		2						9

Das „Pfeifchen“:

P	I	P	E	T	T	E
			6			

Wärmequelle zum Erhitzen:

S	P	I	R	I	T	U	S	-
			10					

B	R	E	N	N	E	R
4			8			

Darauf legst du Pipetten ab:

P	I	P	E	T	T	E	N	-

S	T	A	E	N	D	E	R
				7			

Lösungswort:

G	A	S	B	R	E	N	N	E	R
1	2	3	4	5	6	7	8	9	10

Was bringt die Flamme zum Brennen?

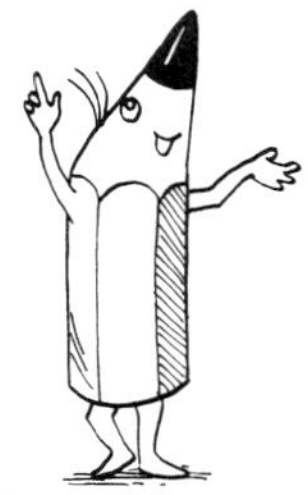

Hintergrund
Brennbare Gase unterhalten die Flamme.
Wenn man eine Wachskerze anzündet, wird der Docht – ein imprägnierter, geflochtener Baumwollfaden – von der Brennmasse getränkt. Die Brennmasse besteht entweder aus Paraffin, Stearin, Bienenwachs oder einer Mischung davon. Sie geht erst in den flüssigen und dann in den gasförmigen Zustand über. Eigentlich handelt es sich um einen gasähnlichen Dampf und nur dieser Dampf ist brennbar.

Vorbereitungen

Du brauchst:
- 1 Kerze
- Streichhölzer

So gehts

1. Entzünde die Kerze und lass die Flamme so lange brennen, bis sich flüssiges Wachs gebildet hat.

2. Entzünde dann ein Streichholz und blase sofort die Kerze aus. Vom Docht der Kerze steigt Dampf auf.

3. Halte das brennende Streichholz nahe am Docht in den aufsteigenden Dampf.

Frage
Was passiert?

Beobachtung
Die Flamme des Streichholzes springt auf den Docht über.

Aus was besteht die Kerzenflamme?

Merke
Die Kerzenflamme besteht aus brennenden Wachsdämpfen.

Vorbereitungen

Du brauchst:
- 1 Kerze
- 1 altes Glas (Senfglas, Marmeladenglas ohne Etikett)
- 1 hölzerne Wäscheklammer zum Festhalten des Glasrohrs
- 1 gebogenes Glasrohr
- Streichhölzer

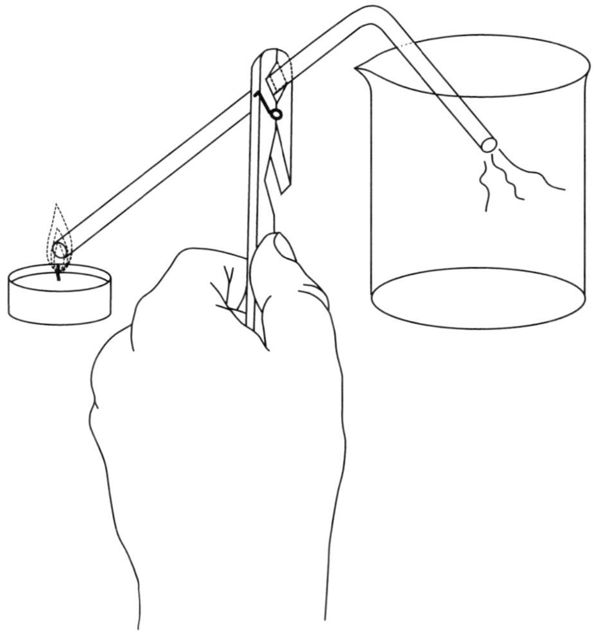

So gehts

1. Halte das Glasrohr nahe über dem Docht in die Flamme und leite die weißlichen Dämpfe in das Glas, wie in der Abbildung gezeigt.

Frage
Was kannst du beobachten?

Beobachtung
An den Wänden des Glases kondensieren die Dämpfe zu einem weißen Stoff.

2. Lösche nach etwa 3 Minuten die Kerzenflamme.

3. Fühle mit dem Finger an dem weißen Stoff im Glas: Er fühlt sich fest und wachsartig an.

Merke
Bei den meisten Kerzen ist dieser Stoff **Paraffin**.

Wie ist eine Kerzenflamme aufgebaut?

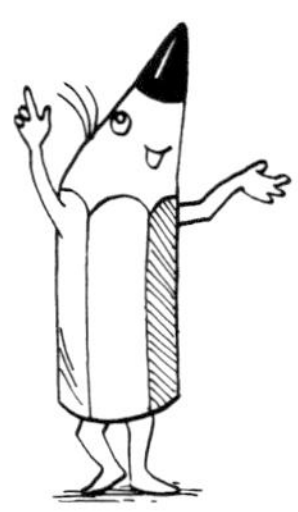

Hintergrund
Eine Kerzenflamme zeigt drei Helligkeitsstufen:
1. Der dunkle **Kern** enthält unverbrannte Dämpfe des Kerzenstoffes. Die Temperatur beträgt etwa 800 °C.
2. Im gelb leuchtenden **Mantel** zersetzen sich die Dämpfe in brennbare Gase und feine Kohlenstoffteilchen. Diese Teilchen geraten in helle Glut und senden Licht aus. Die Temperatur liegt bei etwa 1400 °C.
3. Im bläulichen **Saum** verbrennen bei Luftzutritt die Gase und Kohlenstoffteilchen. Die Temperatur beträgt etwa 1200–1400 °C.

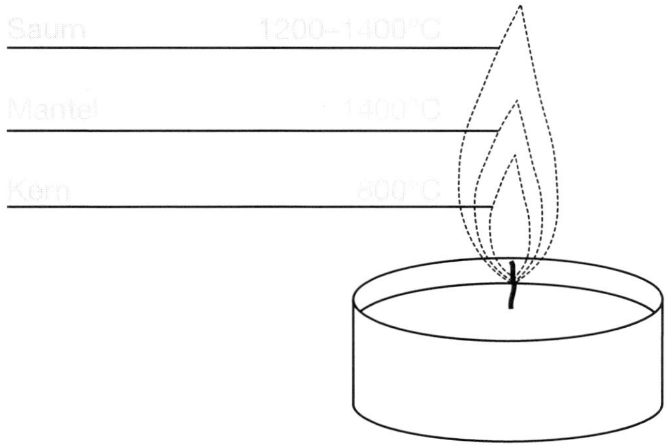

Aufgabe

1. Beschrifte die obige Abbildung der Kerze.
2. Schreibe zu den Begriffen die Temperaturen.
3. Zünde eine Kerze an und vergleiche die Flamme mit dem obigen Text.
4. Male die Abbildung mit den passenden Farben aus.

Warum kann eine Kerze brennen?

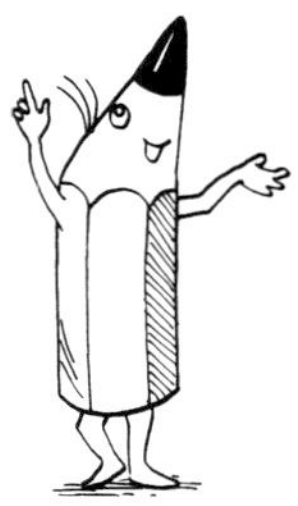

Hintergrund

Hält man ein Streichholz an den **Kerzendocht**, bildet sich nicht sofort eine Flamme. Beim Entzünden des kalten Dochtes muss alles in ihm erstarrte Wachs geschmolzen und verdampft werden.
Im **Flammenkern** vermischt sich der Wachsdampf mit Sauerstoff und verbrennt zum Teil. Hier hat der Docht die Aufgabe, den Kerzenstoff zu verdampfen, damit er überhaupt verbrennen kann. Durch die **Saugwirkung des Dochts** (Kapillarwirkung) wird ständig geschmolzenes Wachs zum Dochtende emporbefördert.
Im **Mantel** zersetzen sich die Dämpfe in brennbare Gase und feine Kohlenstoffteilchen. Diese Teilchen geraten in helle Glut und senden Licht aus. Bei Luftzutritt verbrennen sie im äußersten **Flammensaum**.

Aufgabe

Beschrifte die folgende Abbildung mit den Sätzen unten.
Lies dabei auch im Text oben.

- Flüssiges Wachs steigt im Docht hoch.
- Flüssiges Wachs verdampft.
- Wachsdampf vermischt sich mit Sauerstoff.
- Wachsdampf verbrennt zum Teil.
- Wachsdampf zersetzt sich in brennbare Gase und feine Kohlenstoffteilchen.
- Kohlenstoff glüht im Mantel.
- Kohlenstoff verbrennt im Flammensaum.

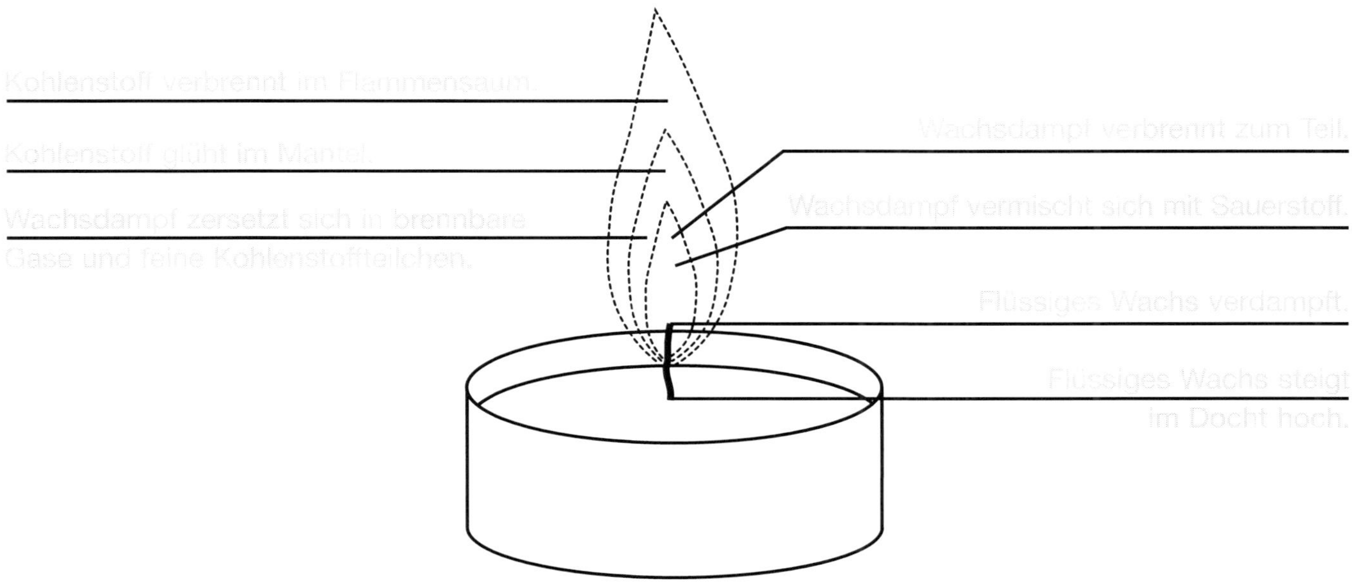

Wir überprüfen durch Versuche

Frage
Wenn nur ein Teil des Dampfes verbrennt, kann sich der unverbrannte Teil auch noch verbrennen lassen?

1. Versuch

Wir prüfen: Im Kern der Flamme verbrennt der Wachsdampf nicht vollständig.

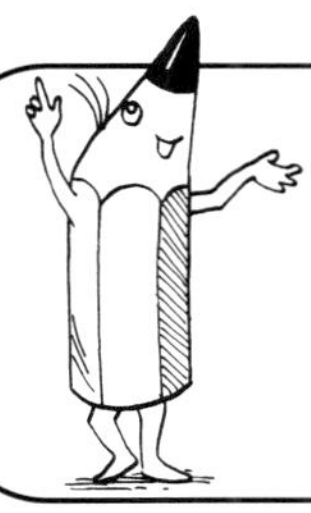

Hintergrund
Die entstehende kleine Flamme wird **Tochterflamme** genannt.

Vorbereitungen

Du brauchst:
- 1 Kerze
- 1 Glasrohr (ca. 15 cm lang)
- 1 hölzerne Wäscheklammer zum Festhalten des Glasrohrs
- Streichhölzer

Mit dem Glasrohr wird der Wachsdampf aus dem Kern der Flamme abgeleitet und entzündet (wie in der Abbildung).

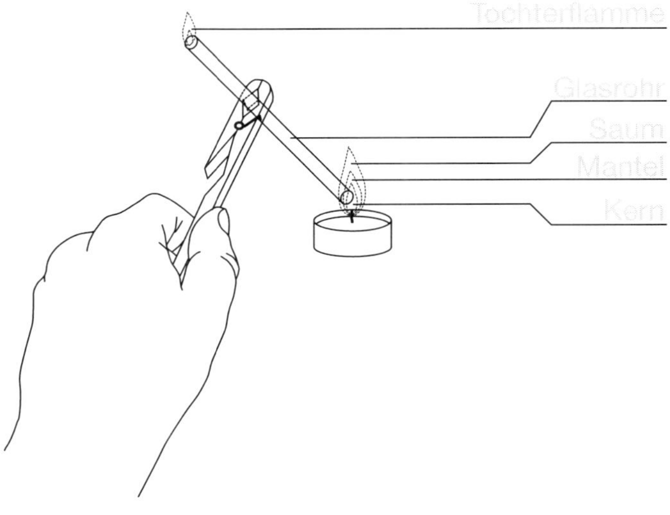

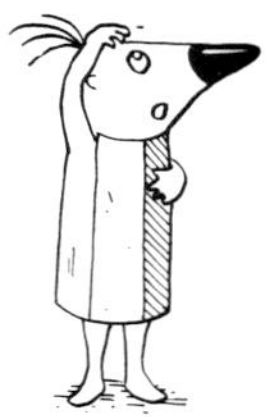

Aufgabe
Beschrifte die Abbildung mit den passenden Begriffen. Lies dazu noch einmal die Anleitung zu diesem Versuch durch.

2. Versuch

Wir prüfen: Wachsdampf zersetzt sich in brennbares Gas und feine Kohlenstoffteilchen.

Vorbereitungen

Du brauchst:
- 1 Kerze
- 1 alte Untertasse aus Porzellan
- Streichhölzer

So gehts

1. Halte die Untertasse so lange in den Flammenmantel der brennenden Kerze, bis du an der Unterseite der Untertasse eine Veränderung feststellst.
2. Schreibe auf, was du festgestellt hast.

Beobachtung
Die Unterseite der Untertasse schwärzt sich mit Ruß.

3. Versuch

Wir prüfen: Der Kern ist kühler als Mantel und Saum der Kerzenflamme.

Vorbereitungen

Du brauchst:
- 1 Kerze
- Streichhölzer

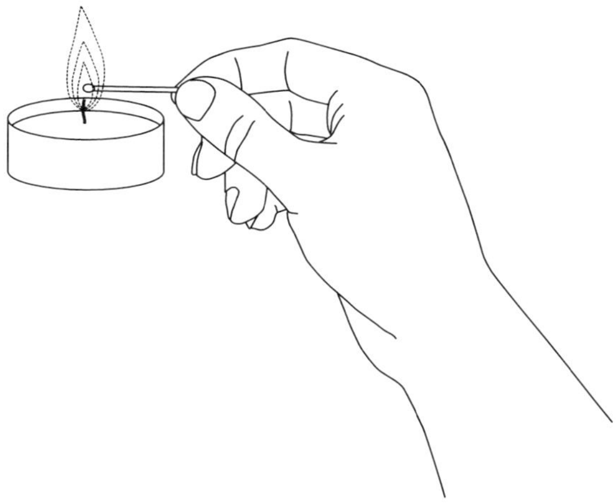

1. Die Abbildung zeigt dir nur den ersten Teil der Versuche.
2. Du kannst die beiden weiteren Versuchsteile herausfinden, wenn du aussprichst, was du auf der Abbildung siehst.

Beobachtung
Versuch 1: Halte den Streichholzkopf in den Kern der Flamme.
Versuch 2: Halte den Streichholzkopf in den Mantel der Flamme.
Versuch 3: Halte den Streichholzkopf in den Saum der Flamme.

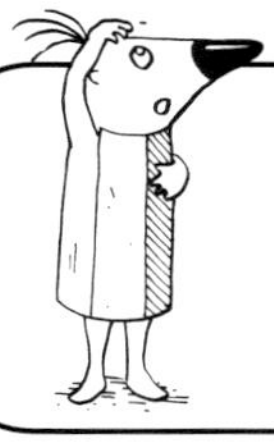

Aufgabe
Schreibe auf, wie du die Versuche durchgeführt hast, und notiere dein Ergebnis.

Forschungsergebnis
Bei Versuch 1, also im Kern der Flamme, dauert es am längsten, bis sich das Streichholz entzündet.

Aufgaben für Spezialisten

Du hast bereits festgestellt, dass der Kerzenstoff Kohlenstoff enthält. Vielleicht hast du auch schon bemerkt, dass eine Kerze rußt, wenn der Docht zu lang ist. Ruß ist nichts anderes als Kohlenstoff.

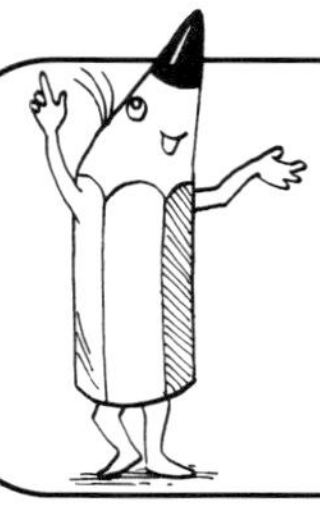

Hintergrund
Dass der Kerzenstoff Kohlenstoff enthält, lässt sich noch anders zeigen.
Beim Verbrennen von Kohlenstoff bildet sich das Gas **Kohlendioxid**.
Dieses Gas ist nicht brennbar und hat die Eigenschaft, Flammen zu ersticken.

Vorbereitungen

Du brauchst:
- 1 Stativ
- 1 Glastrichter
- 1 Kerze
- Streichhölzer

So gehts

1. Befestige den Glastrichter mit der schmalen Öffnung nach oben am Stativ.
2. Stelle die brennende Kerze unter den Trichter.
3. Halte ein brennendes Streichholz über die obere schmale Trichteröffnung.

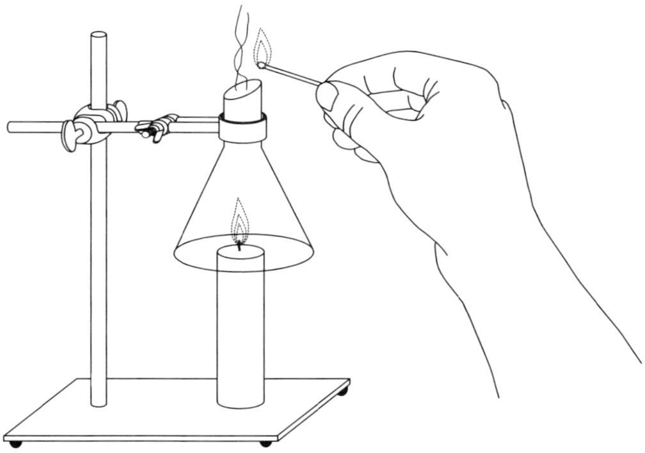

Frage
Was stellst du fest?

Beobachtung
Das Streichholz erlischt.

Extra: Nachweis von Kohlendioxid
So ganz eindeutig ist noch nicht bewiesen, dass das austretende Gas Kohlendioxid ist. Es könnte theoretisch auch ein anderes Gas sein. Um das Gas Kohlendioxid nachzuweisen, kannst du folgenden Versuch durchführen.

Vorbereitungen

Du brauchst:
- 1 Stativ
- 1 Glastrichter
- 1 Kerze (Aufbau wie auf der vorigen Abbildung)
- 1 hölzerne Wäscheklammer zum Festhalten des Reagenzglases
- 1 Reagenzglas
- Streichhölzer
- Kalkwasser
- einen Partner, der dir hilft

So gehts

❶ Halte das Reagenzglas dicht über den Trichter und fange einige Sekunden lang das Gas auf.

❷ Gieße dann Kalkwasser in das Reagenzglas und schüttle es.

❸ Schreibe deine Beobachtung hier auf:

Beobachtung
Das klare Kalkwasser trübt sich.

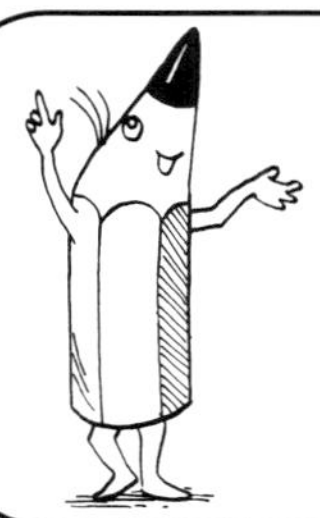

Hintergrund
Kalkwasser ist ein Nachweismittel für Kohlendioxid. Wenn das klare Kalkwasser trüb wird, hast du das Gas **Kohlendioxid** nachgewiesen.

❹ Schreibe dein Ergebnis hier auf:

Forschungsergebnis
Mit der Trübung des Kalkwassers ist das Gas Kohlendioxid nachgewiesen.

Kerzen-Rätsel

Trage die gefundenen Buchstaben in die Kästchen ein.

Von hier steigt der Dampf auf:

D	O	C	H	T
		3		

Damit zündest du die Kerze an:

S	T	R	E	I	C	H	H	O	L	Z
										9

Damit leitest du Dämpfe ins Glas:

G	L	A	S	R	O	H	R
							8

Enthält unverbrannte Dämpfe:

K	E	R	N
6			

Hier zersetzen sich die Dämpfe:

M	A	N	T	E	L
				7	

Hier verbrennen Gase und Kohlenstoffteilchen:

S	A	U	M
	2		

Anderes Wort für Kapillarwirkung:

S	A	U	G	W	I	R	K	U	N	G
				1						

Die kleine Flamme am Glasrohr:

T	O	C	H	T	E	R	F	L	A	M	M	E
			4									10

Nachweisstoff für Kohlendioxid:

K	A	L	K	W	A	S	S	E	R
						5			

Lösungswort:

W	A	C	H	S	K	E	R	Z	E
1	2	3	4	5	6	7	8	9	10

Die Aggregatzustände **3.1**

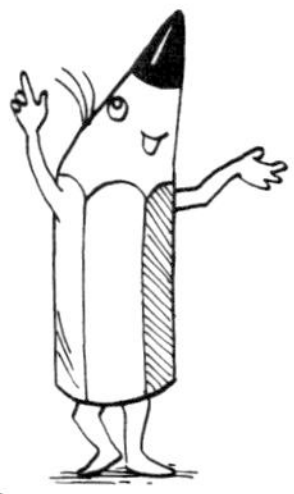

Hintergrund
Von den Versuchen mit der Kerze hast du erfahren, dass der Kerzenstoff in drei Zustandsformen vorkommt: **fest – flüssig – gasförmig**
Diese Zustandsformen werden als Aggregatzustände bezeichnet.
Die drei Aggregatzustände sind nicht einfach nur vorhanden, sie entstehen durch **Schmelzen, Verdampfen, Kondensieren** und **Erstarren** und gehen von einem Zustand in den anderen über.

Aufgabe
Die folgende Abbildung zeigt einen dir bekannten Versuch. Trage auf die Linien der Abbildung die oben fett gedruckten Begriffe ein.

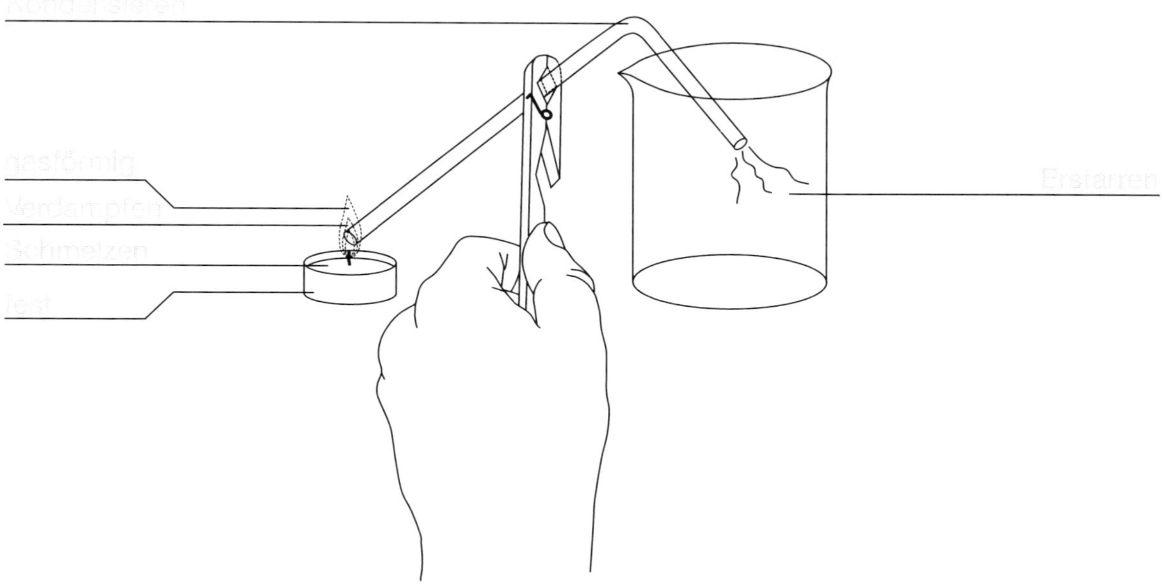

Versuch zu den Aggregatzuständen des Wassers

Vorbereitungen

Du brauchst:
- 1 Schutzbrille
- 1 Reagenzglas
- 1 Reagenzglashalter
- 1 Reagenzglasständer
- 1 Spiritusbrenner
- 1 Porzellanteller
- zerstoßenes Eis aus dem Gefrierfach

Sicherheit
Schutzbrille nicht vergessen!

So gehts

❶ Fülle Eisstückchen ca. 2 cm hoch in das Reagenzglas.

❷ Erhitze das Reagenzglas dann über dem Spiritusbrenner.

❸ Sobald das Wasser siedet, hältst du den Teller schräg und so nah wie möglich über die Öffnung des Reagenzglases.

❹ Beobachte alle Vorgänge im Reagenzglas, an der Öffnung des Reagenzglases und an dem Teller.

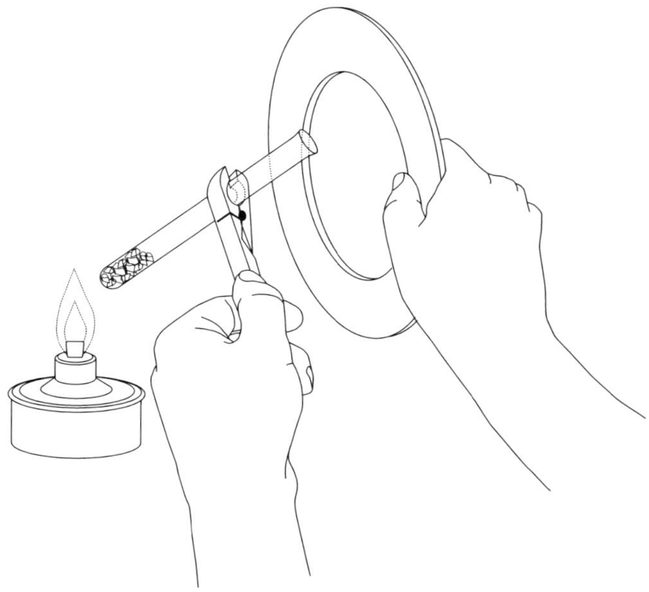

Aufgabe
Schreibe deine Beobachtungen auf und verwende dazu die Begriffe aus dem obigen Kerzenbeispiel.

Beobachtung
Festes Eis schmilzt zu flüssigem Wasser.
Flüssiges Wasser verdampft, wird gasförmig.
Dampf kondensiert am Teller zu Wasser.

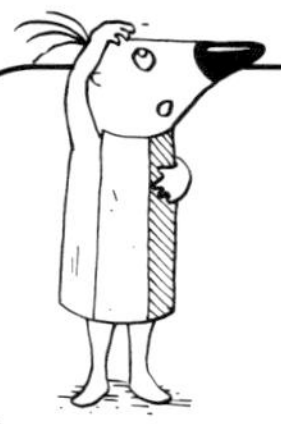

Aufgabe
Welche Aggregatzustände hast du kennengelernt?

Beobachtung
fest (Eis),
flüssig (Wasser),
gasförmig (Dampf)

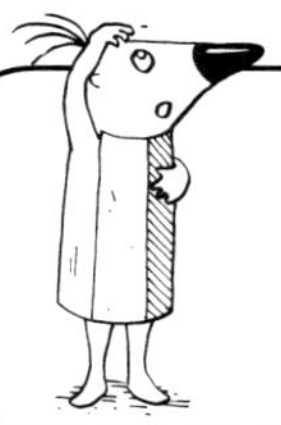

Aufgabe
Welche Vorgänge in deinem Versuch haben zu den Aggregatzuständen geführt?

Beobachtung
Schmelzen,
Verdampfen,
Kondensieren

Bd. 369. Wolfgang Wertenbroch. Chemie – Sekundarstufe I.

Die Aggregatzustände

3.3

Aufgabe
Ergänze die folgende Darstellung mit den Begriffen aus dem Kerzenbeispiel, beschrifte die Kästchen und die Pfeile.

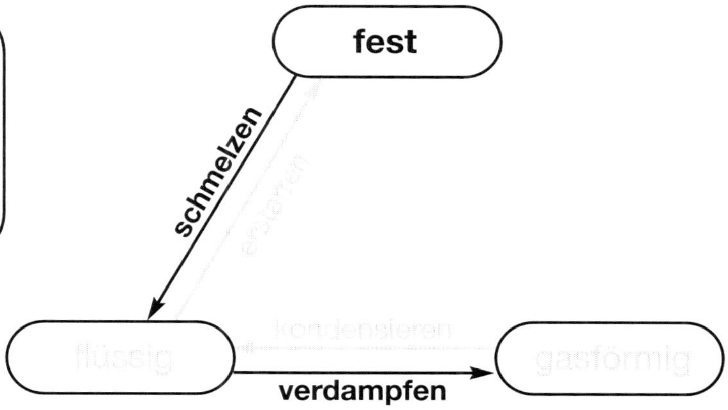

Frage
Du hast die Aggregatzustände des Wassers und die Übergänge zwischen den Zuständen erfahren:
1. Überlege, ob die obige Darstellung zu deinem Versuch mit dem Wasser passt?
2. Passen die Begriffe dazu, reichen die Pfeile aus?
Lies zuerst den folgenden Text.

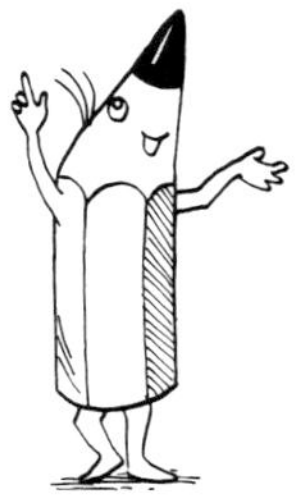

Hintergrund
Wenn du im Winter nasse Wäsche zum Trocknen im Freien aufhängst, erstarrt sie durch gefrierendes Wasser. Die Wäsche trocknet dann, ohne dass das Eis schmilzt. Das Eis ist – ohne flüssig zu werden – zu unsichtbarem Wasserdampf geworden. Diesen Vorgang nennt man **Sublimation**. An kalten, trockenen Wintertagen **sublimiert** der Schnee allmählich weg, ohne zu schmelzen.
Den in der Luft enthaltenen Wasserdampf nennt man Luftfeuchtigkeit. Diese Luftfeuchtigkeit kann ohne den flüssigen Zustand direkt zu festem Eis werden. An sehr kalten Tagen bilden sich durch den Vorgang der **Resublimation** an den Fenstern Eisblumen. Bei der Bildung von Raureif schlägt sich der Wasserdampf der Luft direkt in Form fester Eiskriställchen nieder.

Aufgabe
Ergänze die folgende Darstellung mit den passenden Begriffen: Schreibe sie an die Linien der Pfeile.

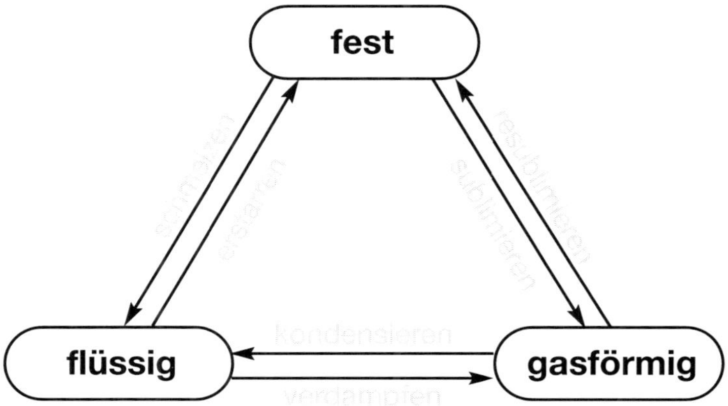

Extra: Aggregatzustände und kleinste Teilchen

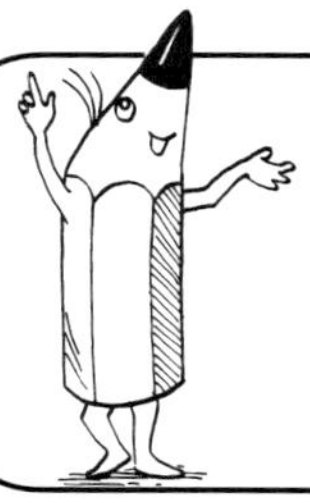

Hintergrund
Alle Stoffe (also auch das Wasser in deinen Versuchen) bestehen aus kleinsten Teilchen. Diese Teilchen sind ständig in Bewegung. Die Bewegung nimmt mit steigender Temperatur zu.

Aufgabe
Zeichne mit Schablone und Farbstift (rot oder blau) kugelförmige/kreisförmige Teilchen in die Quadrate.

Teilchenmodell eines festen Stoffes

Im **festen** Zustand (Eis) ist die Teilchenbewegung gering. Die kleinsten Teilchen sind regelmäßig angeordnet und dicht gepackt. Sie können nur kleinere Bewegungen ausführen.

Fülle das Quadrat gleichmäßig mit kleinen Kreisen (Teilchen), die sich berühren und dicht gepackt sind.

Teilchenmodell eines flüssigen Stoffes

Im **flüssigen** Zustand bewegen sich die Teilchen schneller. Sie sind weniger dicht gepackt und können sich gegenseitig verschieben.

Verteile ungleichmäßig etwa die Hälfte der Teilchen. Einige Teilchen sollen sich berühren / anstoßen.

Teilchenmodell eines gasförmigen Stoffes

Im **gasförmigen** Zustand bewegen sich die Teilchen sehr schnell und unabhängig voneinander. Eine Ordnung besteht nicht mehr.

Verteile ungeordnet 5 Teilchen in dem Kasten oben.

Merke
Wenn du fertig gezeichnet hast, siehst du ein **Teilchenmodell** der Aggregatzustände des Wassers.

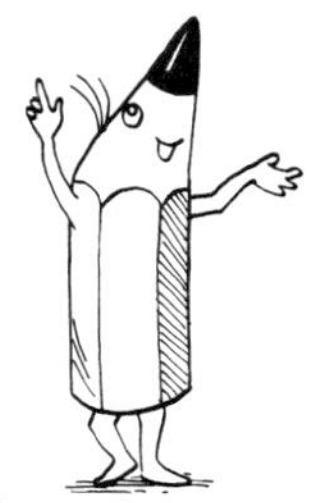

Hintergrund
Die in der Natur und im Alltag vorkommenden Stoffe sind selten rein; es sind fast immer Mischungen aus verschiedenen Stoffen. Diese Mischungen nennt man **Gemische**.
Solche Gemische kann man trennen oder/und reinigen. Die Technik, mit der Trennung oder Reinigung erfolgen, nennt man **Trennverfahren**. Einige dieser Trennverfahren kannst du mit den nächsten Versuchen kennenlernen.

1. Dekantieren

Vorbereitungen

Du brauchst:
- 1 Reagenzglas
- 1 Reagenzglasständer
- 1 Spatel
- 1 Becherglas
- Eisenpulver
- Wasser

So gehts

1. Fülle das Reagenzglas zur Hälfte mit Wasser und gib eine Spatelspitze Eisenpulver in das Wasser.

2. Halte das Reagenzglas mit dem Daumen zu und schüttle es kräftig.

3. Stelle es in den Reagenzglasständer und warte, bis sich das Eisenpulver abgesetzt hat.

4. Gieße dann langsam und ruhig das Wasser – ohne das Eisenpulver aufzuwirbeln – in das Becherglas.

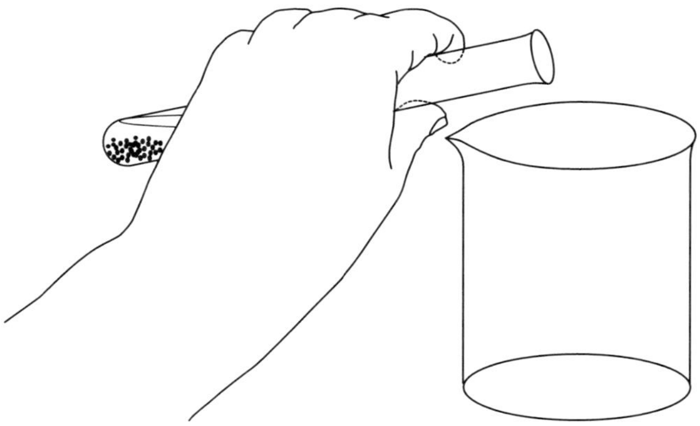

2. Absaugen von Flüssigkeiten

Vorbereitungen

Du brauchst:
- 1 Reagenzglas
- 1 Reagenzglasständer
- 1 Pipette mit Sauger
- 1 Spatel
- 1 Becherglas
- Eisenpulver
- Wasser

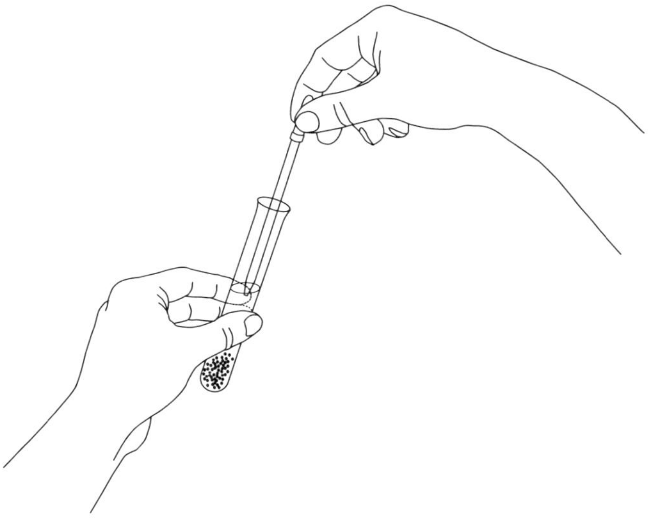

So gehts

1. Fülle Wasser zum Eisenpulver ins Reagenzglas, bis es zur Hälfte gefüllt ist.

2. Nach dem Absetzen des Eisens kannst du das Wasser mit der Pipette absaugen. Arbeite ruhig und sorgfältig; es soll kein Eisenpulver in die Pipette gelangen.

3. Filtrieren

Merke
Du hast schon bemerkt, dass Dekantieren und Absaugen keine einfachen Methoden sind, um Eisenpulver und Wasser zuverlässig zu trennen.

Vorbereitungen

Du brauchst:
- 1 Reagenzglas
- 1 Reagenzglasständer
- 1 Becherglas
- 1 Trichter
- 1 Pipette
- 1 Messzylinder
- rundes Filterpapier

So gehts

1. Etwa 10 ml Wasser werden im Becherglas mit einem Spatel Eisenpulver versetzt.

2. Dann faltest du ein rundes Filterpapier so, dass sich eine Filtertüte ergibt:

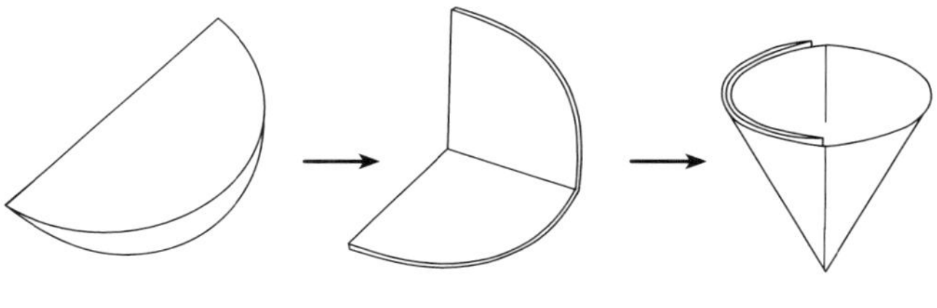

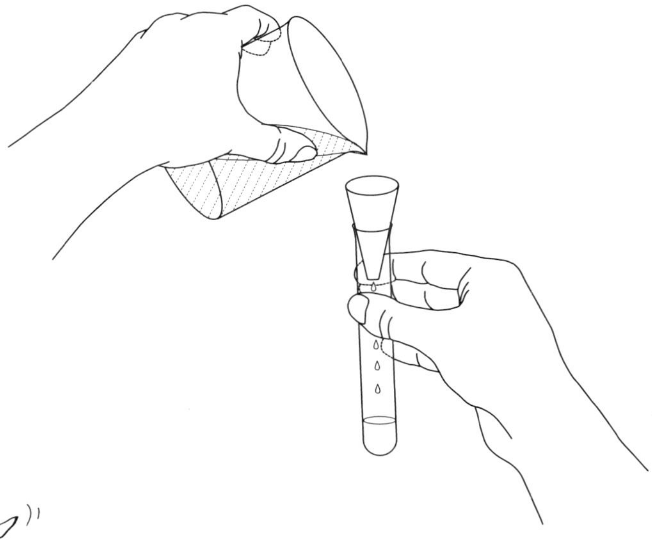

3. Die Filtertüte drückst du mit den Fingern an die Trichterwand.

4. Befeuchte das Filterpapier mit einigen Tropfen Wasser aus der Pipette.

5. Stelle ein Reagenzglas in den Ständer und setze den Trichter auf das Reagenzglas.

Gieße den Inhalt des Becherglases in die Filtertüte im Trichter. Achte darauf, dass kein Wasser über den Rand des Filters läuft.

Lückentext

Fülle die Lückensätze mit diesen Wörtern aus:

Reagenzglas – Filter – größeren – Filterporen – gesäuberte – verhindern – Wasserteilchen – gesäuberte – Rückstand – Poren – geringen – Filtrat

Im ____Reagenzglas____ befindet sich das ____gesäuberte____ Wasser.

Im ____Filter____ stellen wir den festen ____Rückstand____ Eisen fest.

Die ____Poren____ im Filter ____verhindern____, dass die ____größeren____ Eisenteilchen hindurchgehen.

Dagegen treten die ____Wasserteilchen____ aufgrund ihrer ____geringen____ Größe durch die ____Filterporen____.

Die ____gesäuberte____ Flüssigkeit wird als ____Filtrat____ bezeichnet.

4. Trennung durch Verdampfen

Vorbereitungen

Du brauchst:
- 1 Schutzbrille
- 1 Becherglas
- 1 kleines Reagenzglas
- 1 Reagenzglashalter
- 1 Reagenzglasständer
- 1 Spiritusbrenner
- 1 Glasstab
- Siedesteinchen
- Kochsalz
- Wasser

Sicherheit
Schutzbrille nicht vergessen!

So gehts

1 Stelle zunächst eine **Kochsalzlösung** her:

A Fülle das Reagenzglas zur Hälfte mit Wasser und fülle das Wasser in das Becherglas.

B Füge etwas Kochsalz hinzu und rühre mit dem Glasstab um, bis sich das Kochsalz aufgelöst hat.

Sicherheit
Gib eine Spatelspitze Siedesteinchen in die Lösung. Die Siedesteinchen sollen verhindern, dass beim Erhitzen heißes Wasser aus dem Reagenzglas spritzt.

2 Gewinne nun aus der Kochsalzlösung das Salz durch Verdampfen des Wassers zurück:

A Fülle ca. 1 ml der Kochsalzlösung in das Reagenzglas.

B Siede die Kochsalzlösung über dem Spiritusbrenner, bis das Wasser völlig verdampft ist.

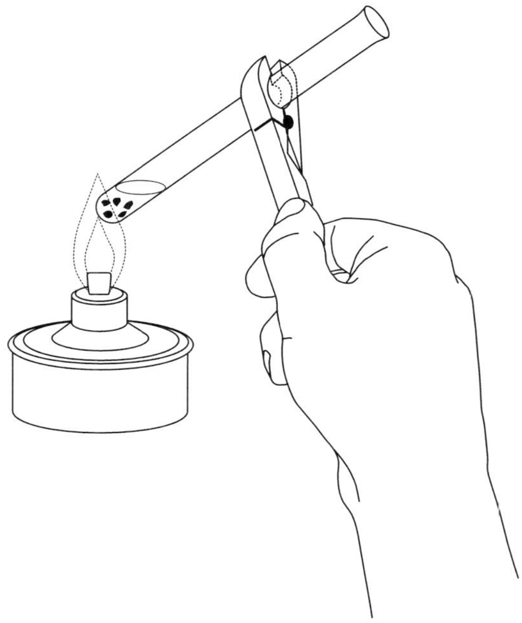

Sicherheit
Die Öffnung des Reagenzglases darf niemals auf Personen gerichtet sein, weil herausspritzende, heiße Flüssigkeiten zu Verletzungen führen können. Achte immer darauf, wohin die Öffnung des Reagenzglases zeigt!

5. Magnetisches Trennen

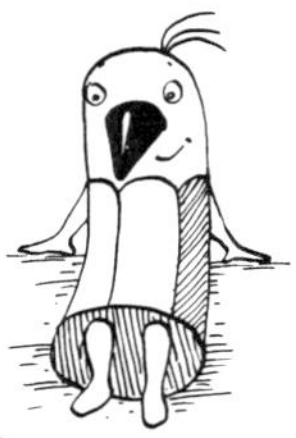

Frage
1. Wie würdest du das Eisen vom Sand trennen?
2. Warum wird das zweite Blatt Papier auf das Gemisch gelegt?

Vorbereitungen

Du brauchst:
- 1 Spatel
- 2 Blatt festes Papier
- Sand
- Magnet
- Eisenpulver oder Eisenspäne

So gehts

1. Vermische auf einem Blatt Papier je 3 Spatel Sand und Eisenpulver/Eisenspäne.

2. Lege das andere Blatt auf das Gemisch.

Beobachtung
1. Mit dem Magneten
2. Die Eisenteilchen bleiben so auf dem 2. Blatt Papier

6. Trennen durch Destillieren

Sicherheit
Schutzbrille nicht vergessen!

Vorbereitungen

Du brauchst:
- 2 Reagenzgläser
- 2 Reagenzglashalter
- 1 gebogenes Glasrohr (wie in der Abbildung)
- 1 durchbohrten Stopfen
- 1 Spiritusbrenner
- 1 Spatel
- Kochsalz
- Wasser
- Siedesteinchen
- 2 Schutzbrillen
- einen Partner, der dir hilft

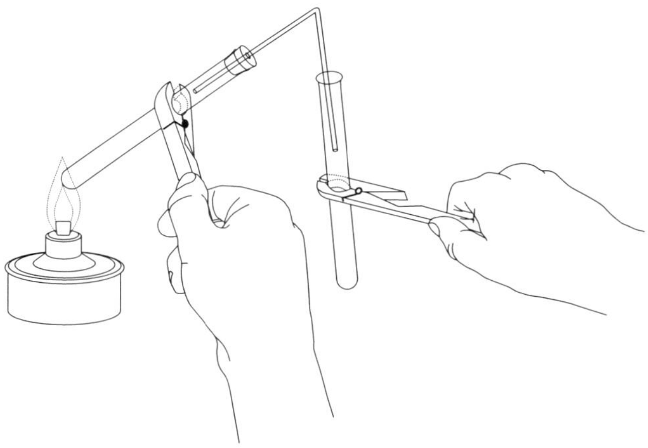

So gehts

1. Füllt 3 cm hoch Kochsalzlösung mit einigen Siedesteinchen in ein Reagenzglas und setzt dann die Destillieranlage zusammen.

2. Siedet die Kochsalzlösung so lange, bis sie völlig verdampft ist. Haltet die Teile der Anlage so, dass keine Salzlösung durch das Glasrohr in das zweite Reagenzglas gelangt.

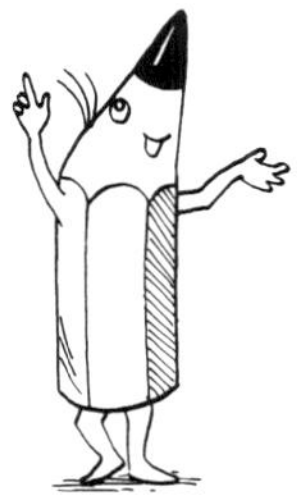

Hintergrund
Das Wasser der Kochsalzlösung soll verdampft werden. Wenn es im Glasrohr kondensiert und ins zweite Reagenzglas tropft, habt ihr das Wasser vom gelösten Kochsalz getrennt und als Reinstoff zurückgewonnen.

7. Die Papierchromatografie

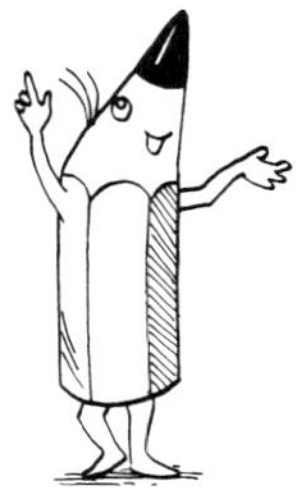

Hintergrund

Scheidekunst ist eine alte Bezeichnung für die Chemie. Schon die Alchimisten versuchten immer wieder, Stoffgemische in ihre Einzelkomponenten zu trennen. Dazu verwendeten sie vor allem das Verfahren der Destillation. Wichtige Fortschritte in der Trennung bisher nicht trennbarer Stoffgemische erzielte Anfang des 20. Jahrhunderts die Chromatografie. Das Wort Chromatografie kommt aus der griechischen Sprache und bedeutet **Farbschreiben** (chromos = Farbe, graphein = schreiben).

Es gibt verschiedene Methoden der Chromatografie. Eine davon ist die Papierchromatografie. Ihre Wirkungsweise beruht darauf, dass die Bestandteile eines gelösten Stoffgemisches von der Papieroberfläche verschieden stark **adsorbiert** (an der Oberfläche angelagert) werden.

Vorbereitungen

Du brauchst:
- 1 Rundfilter
- 1 Uhrglas
- 2 Pipetten mit Hütchen
- 1 Pipettenständer
- 2 kleine Bechergläser
- 1 Rührstab
- 1 Spatel
- 3 Filzschreiber: braun, blau und schwarz
- destilliertes Wasser
- Kochsalz

So gehts

1. Stelle 2 Bechergläser für Lösungsmittel bereit:

   A. Fülle ca. 10 ml destilliertes Wasser in eines der Bechergläser.

   B. Gib ca. 10 ml destilliertes Wasser in das andere Becherglas und füge 2 Spatel Kochsalz hinzu. Rühre so lange um, bis sich das Salz gelöst hat.

2. Tupfe mit einem Filzschreiber einen Farbfleck von ca. 1 cm Durchmesser in die Mitte eines Filterpapiers.

3. Lege dieses Filterpapier auf ein Uhrglas.

4. Gib mit einer Pipette tropfenweise destilliertes Wasser als Lösungsmittel auf den Farbfleck. Warte mit jeder weiteren Zugabe, bis der vorherige Tropfen vollständig vom Filterpapier aufgesogen wurde.

5. Wiederhole den Versuch mit weiteren Farben.

6. Wiederhole den Versuch mit der Salzlösung als Lösungsmittel.

Frage
Stellst du einen Unterschied fest, wenn du als Lösungsmittel destilliertes Wasser oder die Kochsalzlösung nimmst?

Beobachtung
Mit destilliertem Wasser als Lösungsmittel breitet sich der Farbfleck stärker aus.

Lückentext

Fülle den Lückentext aus und verwende dazu diese Begriffe:

adsorbiert – Trennung – adsorbiert – Papieroberfläche – Lösungsmittel – Filzstiftfarben

Nach der Trennung der gelösten Filzstiftfarben werden die Farbteilchen von dem Lösungsmittel mitgenommen und breiten sich über das Papier aus. Die Bestandteile der Farbe, die gut an der Papieroberfläche festgehalten (adsorbiert) werden, wandern langsam. Die Farbstoffteilchen, die schlecht adsorbiert werden, wandern schneller.

Test zu den Trennverfahren

Fülle die Tabelle aus und trage die geeigneten Trennverfahren stichwortartig ein.
Es können auch mehrere Verfahren geeignet sein.

Gemisch	Trennverfahren	Getrennte Stoffe
1. Kochsalz, Eisenpulver	magnetisches Trennen	beide Stoffe
2. Eisenpulver, Wasser	Absaugen oder Dekantieren; besser: Filtrieren	Eisenpulver
3. Eisenpulver, Wasser	Filtrieren	Wasser
4. Kochsalz in Wasser gelöst	Verdampfen	festes Kochsalz
5. Kochsalz in Wasser gelöst, Eisenpulver	Verdampfen, magnetisches Trennen	Eisenpulver, festes Kochsalz
6. Kochsalz in Wasser gelöst	Destillieren	Wasser, festes Kochsalz
7. Kochsalz in Wasser gelöst, Eisenpulver	Filtrieren, Destillieren	Eisenpulver, Wasser, festes Kochsalz
8. Sand, Kochsalz	Auflösen in Wasser, Filtrieren, Verdampfen	beide Stoffe

Physik oder Chemie? Die chemische Reaktion, Oxidation, Reduktion — 5.1

Bei deinen Versuchen zu den Aggregatzuständen hast du Wasser umgewandelt. Diese Umwandlung ist ein physikalischer Vorgang.
Ein neuer Stoff ist nicht entstanden, die kleinsten Teilchen (Wasserteilchen) sind dabei erhalten geblieben, es wurden nur die Aggregatzustände verändert.

Merke
Bei physikalischen Vorgängen treten keine stofflichen Veränderungen auf.

Die Versuche mit der Kerze haben dir gezeigt, dass durch die Verbrennung des Kerzenstoffes neue Stoffe frei werden: Wasser, Kohlenstoff und Kohlendioxid.
Die Verbrennung des Kerzenstoffs ist ein chemischer Vorgang.

Merke
Bei chemischen Vorgängen (Reaktionen) finden Stoffumwandlungen statt. Es bilden sich neue Stoffe, deren Eigenschaften sich von denen der Ausgangsstoffe unterscheiden.

Die chemische Reaktion

Sicherheit
Schutzbrille nicht vergessen!

Vorbereitungen

Du brauchst:
- 1 Schutzbrille
- 1 Streifen Kupferfolie (0,1 mm dick, Größe: 5 cm x 1 cm)
- 1 Tiegelzange
- 1 Spiritusbrenner
- 1 Eisenplatte/Metallplatte zum Ablegen der heißen Tiegelzange und des abgebrannten Streichholzes
- 1 Flachbatterie
- 1 Lampe (3,8 V) in Fassung und Messkabel mit Krokodilklemmen

So gehts

1. Stelle zunächst die **Eigenschaften** der Kupferfolie fest und schreibe sie in die obere Reihe des Versuchsprotokolls („Vor der Reaktion“). Die elektrische Leitfähigkeit stellst du wie in dem abgebildeten Versuch fest.

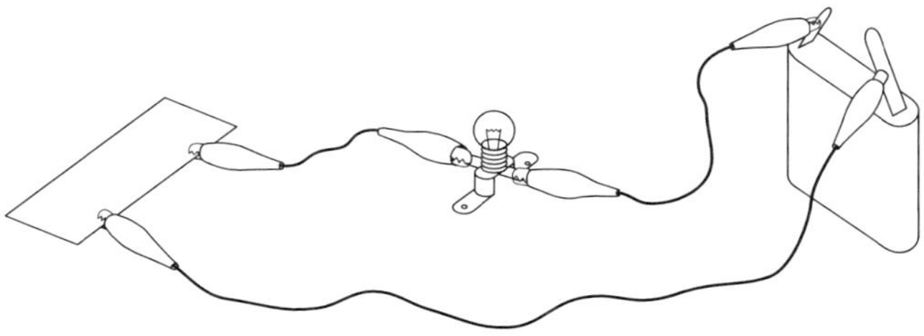

2. Halte mit der Tiegelzange den Streifen Kupferfolie in den oberen Teil der Flamme, bis die Folie aufglüht. Die Folie soll abwechselnd mit beiden Seiten in die Flamme gehalten werden.

3. Stelle wieder die Eigenschaften fest und ergänze die Tabelle („Nach der Reaktion“).

Versuchsprotokoll

	Farbe	Festigkeit	leitfähig?
Vor der Reaktion	rot	fest	ja
Nach der Reaktion	schwarz	fest	nein

Du erkennst, was oben schon im Merksatz steht: Es bildet sich ein Stoff, dessen Eigenschaften sich von denen des Ausgangsstoffes deutlich unterscheiden.

Merke
Wir nennen einen Vorgang, bei dem neue Stoffe entstehen, eine **chemische Reaktion.**

Oxidation

Vorbereitungen

Du brauchst:
- 1 Schutzbrille
- 1 Kupferblech (0,2 mm dick, Größe: 6 cm x 4 cm)
- 1 Hammer
- 1 Spiritusbrenner
- 1 Tiegelzange
- Blech als Ablage

Sicherheit
Schutzbrille nicht vergessen!

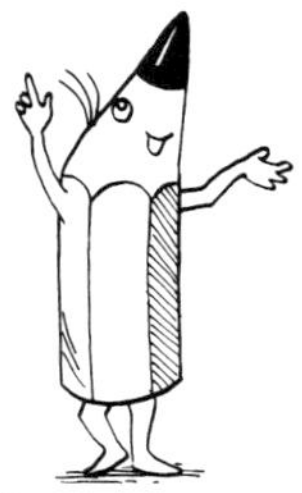

Hintergrund
In deinem vorigen Versuch ist durch eine chemische Reaktion ein neuer Stoff entstanden: **Kupferoxid**.
Dieser Name setzt sich zusammen aus den Wörtern **Kupfer** und **Oxid**. Oxid leitet sich her von **Oxygenium** = Sauerstoff. **Kupfer** und **Sauerstoff** haben miteinander reagiert. Dass Kupfer an der Reaktion beteiligt war, ist eindeutig.

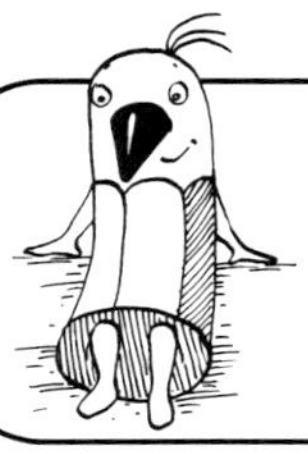

Frage
Wie kannst du feststellen, dass als Reaktionspartner Luftsauerstoff beteiligt war?

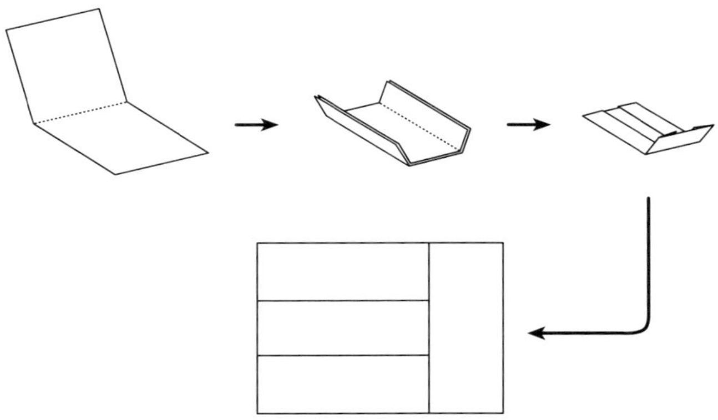

So gehts

1. Falte das Kupferblech zu einem Briefchen und hämmere es fest zu. An das Innere des Kupferbriefchens soll keine Luft herankommen können.

2. Halte jetzt das Briefchen in die Flamme des Spiritusbrenners.

Beobachtung
Das Kupferblech wird außen an den Flächen, wo die Luft freien Zutritt hat, schwarz.

1. Frage
Welcher Stoff ist hier entstanden?

Lösung
Kupferoxid

❸ Falte das Kupferbriefchen nach einigen Minuten (wenn es erkaltet ist) auseinander.

2. Frage
Was stellst du fest?

Lösung
Das Kupferblech ist innen rot.

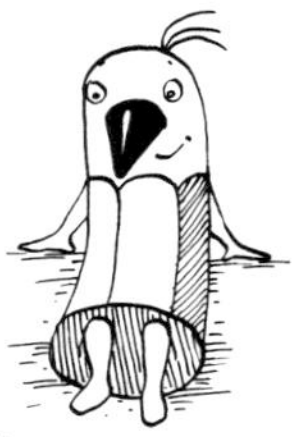

3. Frage
Wie deutest du die Entstehung von Kupferoxid an den Außenflächen des Kupferbleches und wie deutest du, dass im Inneren des Briefchens kein Oxid entstanden ist?

Lösung
Im Inneren des Briefchens ist kein Oxid entstanden, weil kein Sauerstoff vorhanden war.

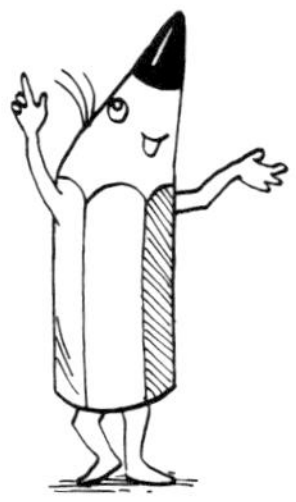

Hintergrund
Die chemische Reaktion des Kupfers mit Sauerstoff lässt sich in der Fachsprache der Chemie als Wortgleichung so darstellen:
Kupfer + Sauerstoff → Kupferoxid
Diese Wortgleichung wird so gelesen: „Kupfer reagiert mit Sauerstoff zu Kupferoxid."
Die Fachsprache der Chemie hat für diesen Vorgang noch ein anderes Wort: Oxidation.

Merke
Die Verbindung eines Stoffes mit Sauerstoff heißt **Oxidation**.
Es gibt auch einen Vorgang, welcher der Oxidation entgegengesetzt ist:
Eine chemische Reaktion, bei der einem Oxid der Sauerstoff entzogen wird, bezeichnet man als **Reduktion**.

Reduktion

Vorbereitungen

Du brauchst:
- 1 Schutzbrille
- 1 Kupferblechstreifen (0,1 mm dick, Größe: 2 mm x 40 mm)
- 1 Reagenzglas
- 1 Reagenzglashalter
- 1 Spiritusbrenner
- 1 Tiegelzange
- 1 Metallplatte zum Ablegen
- Aktivkohle gekörnt

Sicherheit
Schutzbrille nicht vergessen!

So gehts

1. Halte den Streifen Kupferblech in die Flamme. Der Streifen glüht durch und wird schwarz.

2. Stelle den Streifen in das Reagenzglas und gib ca. 2 cm hoch Aktivkohle dazu.

Sicherheit
Du musst vorsichtig sein, denn die Kohlekörnchen hüpfen umher und sind dabei noch sehr heiß!

3. Erhitze beide Stoffe, bis die Kohle zu glühen beginnt.

4. Entleere vorsichtig den Inhalt des Reagenzglases auf die Metallplatte.

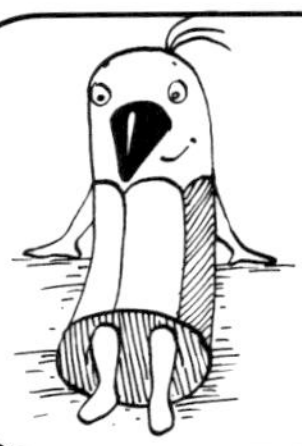

Frage
Wie sieht der Kupferstreifen aus?

Lösung
Er ist unten rot.

Lückentext

Vervollständige den Text mit diesen Begriffen:

reduziert – Sauerstoff – Kupferoxid – Oxidation – Sauerstoff – Kupferoxid – Aktivkohle – Sauerstoff

Als der Kupferstreifen in die Flamme gehalten wurde, erfolgte eine ___Oxidation___: Das Kupfer ging eine Verbindung ein mit dem ___Sauerstoff___ der Luft. Im nächsten Versuch wurde dem ___Kupferoxid___ der ___Sauerstoff___ entzogen. Als Reduktionsmittel wurde ___Aktivkohle___ zum Kupferoxid gegeben. Das Reduktionsmittel entzog dem ___Kupferoxid___ den ___Sauerstoff___. Dadurch wurde das Kupferoxid zu Kupfer ___reduziert___ .

Einleitung

In einem deiner Versuche hast du Kupferblech in die Flamme des Brenners gehalten. Das Kupfer wurde schwarz, es bildete sich Kupferoxid. Das Kupfer ging mit dem Luftsauerstoff eine Verbindung ein:
Kupfer und Sauerstoff verbinden sich zu Kupferoxid.
Diese Verbindung lässt sich durch physikalische Verfahren nicht trennen. Deshalb hast du das Kupfer durch das chemische Verfahren der Reduktion zurückgewonnen.

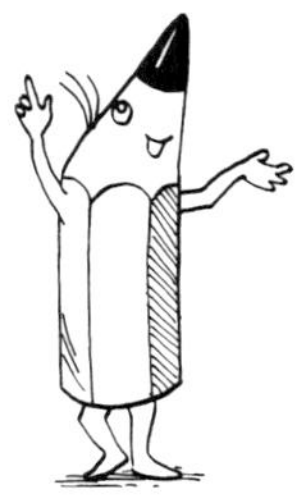

Hintergrund
Es ist aber nicht möglich, Kupfer in andere Stoffe zu zerlegen. Alle Stoffe, die sich – wie Kupfer – durch physikalische oder chemische Vorgänge nicht in andere Stoffe spalten lassen, nennt man **Grundstoffe** oder **Elemente**.
Alle Materie besteht aus **kleinsten Bausteinen**. Das gilt für Elemente und für Verbindungen. Die kleinsten Bausteine der Elemente nennt man **Atome**. Die kleinsten Bausteine von Verbindungen nennt man **Moleküle** (lat. moles = Masse). Kupfer ist als Element nur aus Kupfer-Atomen aufgebaut, aus nichts sonst; Kupferoxid ist eine Verbindung und besteht nur aus Kupferoxid-Molekülen.

Geschichte und Entwicklung von Atommodellen

Schon griechische Denker wie **Leukipp** aus Milet (um 450 v. Chr.) und sein Schüler **Demokrit** von Abdera (etw. 460 bis 370 v. Chr.) machten sich Gedanken darüber, wie Materie aufgebaut sein könnte. Sie hatten die Idee, dass Materie aus kleinsten Teilchen besteht, die nicht weiter zerlegt werden können. Daher kommt der Name Atom (griech. atomos = unteilbar). Diese Atome sollten sich lediglich durch ihre Form und Größe voneinander unterscheiden.

Der Engländer John **Dalton** (1766–1844) griff die Vorstellung auf, dass Materie aus unteilbaren Atomen aufgebaut sei, und stellte 1808 eine Atomtheorie vor: Alle Elemente (Kupfer, Eisen, Schwefel usw.) bestehen aus Atomen, die jeweils eine für dieses Element typische Größe und Masse besitzen.
Die Atome kann man sich als winzige Kugeln vorstellen. Diese Kugeln sind aber nicht hohl, sondern gleichmäßig mit Masse gefüllt. Außerdem sind sie vollkommen elastisch; sie brechen nicht auseinander, wenn sie mit anderen Atomen zusammenprallen.
Dalton konnte mit seinem einfachen Kugelmodell allerdings nicht erklären, wie Elektrizität zustande kommt, deren Erscheinungsweisen damals schon bekannt waren.

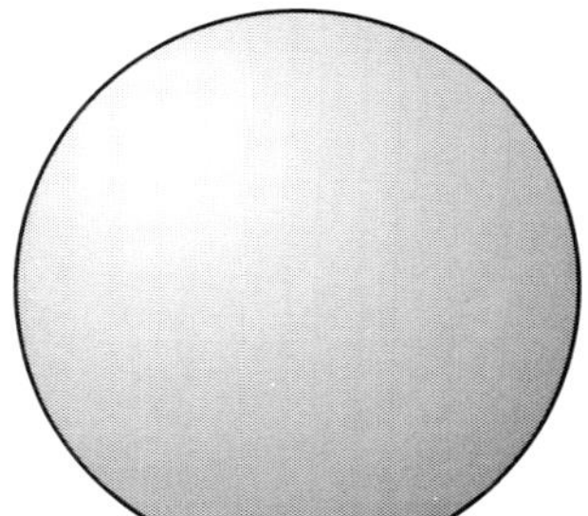

Massekugel-Modell

Die Erklärung für die Elastizität fand der englische Physiker Joseph J. **Thomson** (1856–1940).
Bei physikalischen Versuchen mit sogenannten Kathodenstrahlen bestimmte Thomson 1897 die Masse und die elektrische Ladung eines Teilchens, des **Elektrons**. Wie weitere Versuche zeigten, konnte dieses Teilchen nur von Atomen stammen. Atome waren also nicht die kleinsten Bausteine der Materie, sondern sie waren aus noch kleineren Teilchen zusammengesetzt. Elektronen müssen in der Atomkugel stecken und können unter bestimmten Bedingungen freigesetzt werden. Ihr Fluss ist der elektrische Strom.

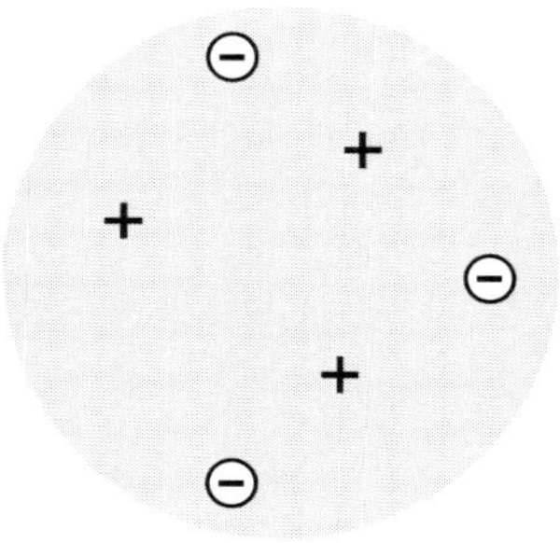

Rosinenkuchen-Modell

Thomson stellte 1904 ein Atommodell auf, nach dem Atome Kugeln sind, die gleichmäßig mit Masse und elektrisch positiver Ladung aufgefüllt sind. In der Kugel sind nach einem regelmäßigen Muster negative Teilchen (die Elektronen) – wie Rosinen in einem Kuchen – eingebettet. Durch elektrostatische Anziehungskräfte werden die geladenen Teilchen in ihrer Ruhelage gehalten. Das ganze Atom ist elektrisch neutral, also weder positiv noch negativ geladen.

Ein neues Atommodell wurde 1911 von dem englischen Physiker Ernest **Rutherford** (1871–1937) vorgestellt.

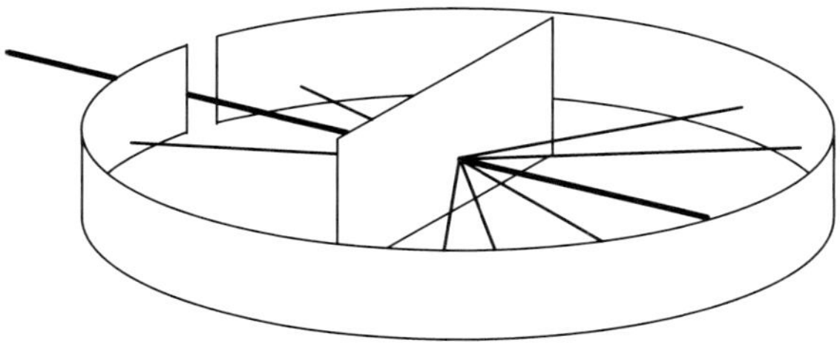

Rutherford untersuchte, ob die von Radium ausgeschickten positiven Teilchen von einer Goldfolie zurückgeworfen werden.

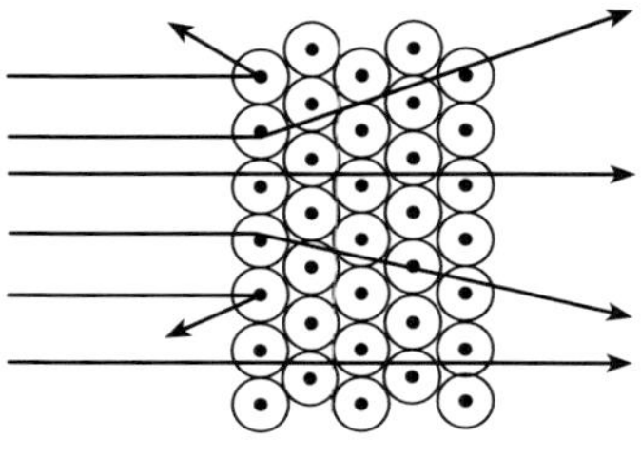

Er stellte fest, dass der überwiegende Teil der Teilchen ohne merkliche Ablenkung durch die Folie hindurchging und kaum an Geschwindigkeit verlor.

Aus diesem und weiteren Versuchen mit anderen Metallfolien folgerte Rutherford, dass Atome keine massive, gleichmäßig mit Masse ausgefüllten Kugeln sein können. Die Atome müssen in sich leeren Raum enthalten. Da aber bei den Versuchen auch Teilchen zurückgeworfen wurden, müssen in jedem Atom Zentren vorhanden sein, in denen die ganze Masse und die positive Ladung konzentriert ist. Diese Zentren nannte Rutherford Atomkern. Nach Rutherford besteht das Atom aus einem schweren positiven Kern und einer negativen Hülle (Elektronenhülle).

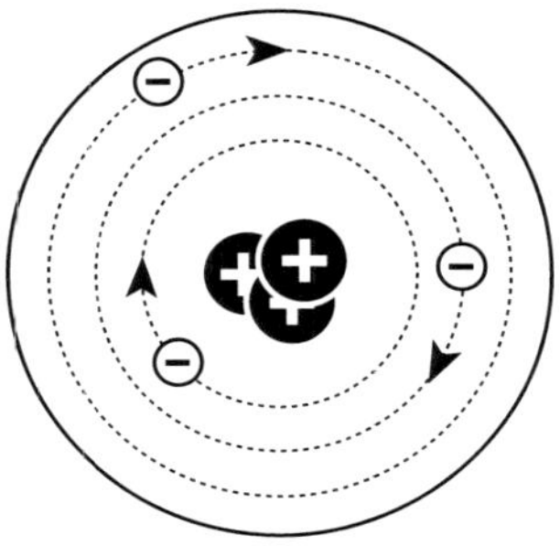

Kern-Hülle-Modell

Da das Atom elektrisch neutral ist, muss die Anzahl der positiven Kernladungen mit der negativen Ladung der Elektronen in der Hülle übereinstimmen. Die Elektronen werden vom positiv geladenen Kern angezogen und im Atomverbund festgehalten.

Eine Weiterentwicklung des Atommodells erfolgte 1913 durch den dänischen Atomphysiker Niels **Bohr** (1885–1962).

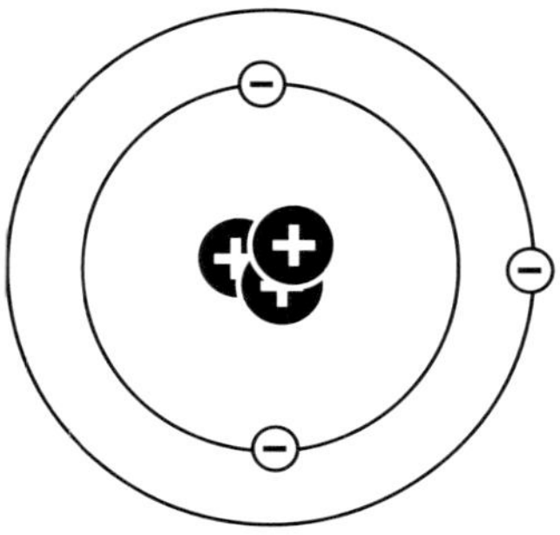

Schalen-Modell

Er stellte sich vor, dass sich die Elektronen nur auf bestimmten Kreisbahnen um den Atomkern bewegen. Diese Kreisbahnen werden auch Schalen genannt. Die erste Schale, die dem Kern am nächsten ist, heißt K-Schale. Die zweite Schale ist die L-Schale, es folgen die Schalen M, N, O, P und Q.

Aufgabe
Wer war es?
Du hast die Texte zur Geschichte der Entwicklung von Atommodellen gelesen.
Die Entwicklung war immer mit Namen verbunden: Leukipp und Demokrit, Dalton, Thomson, Rutherford und Bohr.
Du findest Abbildungen und kurze Texte:
Ordne den Abbildungen und Texten die passenden Namen der Naturforscher und Physiker zu.

Abbildungen und Texte	Naturforscher und Physiker
	Rutherford
	Thomson
Die Atome, aus denen sich die Welt zusammensetzt, unterscheiden sich in Gestalt und Größe.	Leukipp und Demokrit
Es gibt 7 Elektronenschalen mit den Namen K, L, M usw.	Bohr
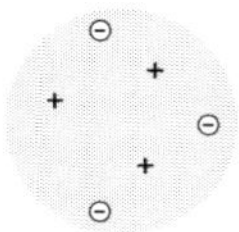	Thomson
	Dalton
	Bohr
Die Atome können sich miteinander vereinigen, aber auch trennen. Zwischen den Atomen ist leerer Raum.	Dalton
Atome sind nicht massive Kugeln, sie haben in sich leeren Raum.	Rutherford

Aufgabe

Wer, was, wann?

1. Zeichne die Atommodelle in die oberen größeren Kästchen.
2. Schreibe in das Kästchen darunter den Nachnamen des Physikers und darunter den Namen des Atommodells.

1808

Dalton

Massekugel-Modell

1904

Thomson

Rosinenkuchen-Modell

1911

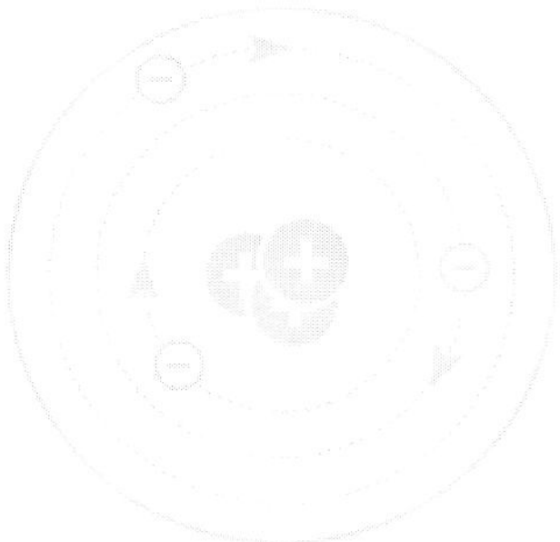

Rutherford

Kern-Hülle-Modell

1913

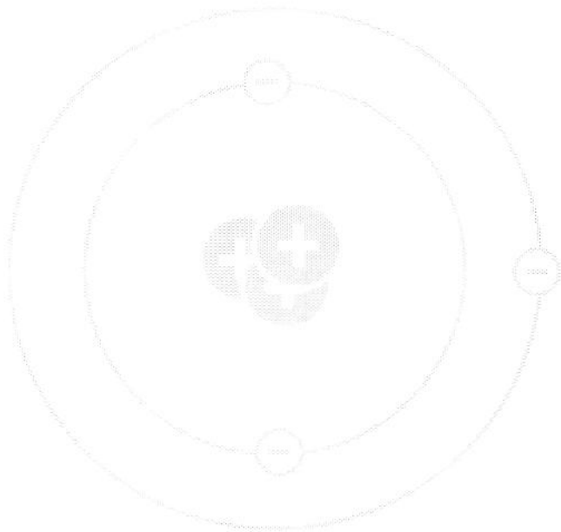

Bohr

Schalen-Modell

Wie wiegt man ein Atom? Die relative Atommasse

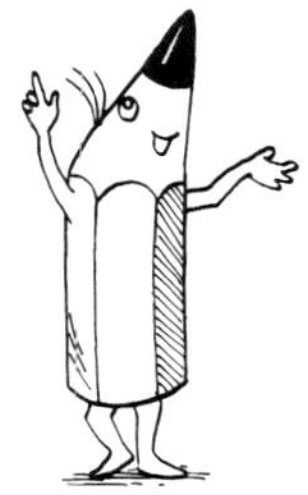

Hintergrund
Chemie ist die Wissenschaft von den Stoffen, ihren Zusammensetzungen und ihren Veränderungen.
Stoffe kann man an ihren Eigenschaften erkennen, wie z.B. Dichte, Löslichkeit, Festpunkt, Siedepunkt, elektrische Leitfähigkeit.
Alle Stoffe bestehen aus kleinsten Teilchen: Elemente aus Atomen und Verbindungen aus Molekülen. Um verschiedene Stoffe charakterisieren und unterscheiden zu können, werden wir hier ihre relativen Atommasen und Dichten näher betrachten.

1. Aufgabe
Zum Verständnis der folgenden Aufgaben und Texte brauchst du das Periodensystem der Elemente (PSE, Seite 37) und das Verzeichnis der chemischen Elemente (Seite 39).
Lies den folgenden Text und suche dabei die Angaben zu den hier aufgeführten Stoffen im PSE oder im Verzeichnis.

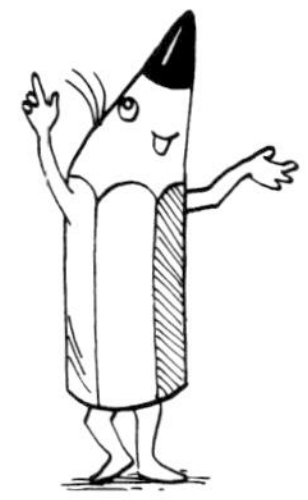

Hintergrund
Ein Atom hat eine bestimmte Masse. Diese Masse ist aber so klein, dass es nicht möglich ist, sie in Gramm zu wiegen. Um dennoch die Masse eines Atoms angeben zu können, wurden die Massen der Atome miteinander verglichen und willkürlich eine Einheit festgelegt: die Atommasseneinheit 1 u (engl. unit = Einheit), die sich heute auf den 12. Teil der Masse eines Kohlenstoffatoms (C) bezieht. Ein Kohlenstoffatom hat also eine Masse von 12 u. Ein Aluminiumatom (Al) hat die Atommasse 27 u und ist damit 27-mal schwerer als der 12. Teil der Masse eines Kohlenstoffatoms. Ein Bleiatom (Pb) hat die relative Atommasse 207,2 u.

2. Aufgabe
Vervollständige die Tabelle.

	Relative Atommasse (u)
Schwefel (S)	32,1
Kupfer (Cu)	63,6
Sauerstoff (O)	16,0
Eisen (Fe)	55,8
Wasserstoff (H)	1,0
Gold (Au)	197,0

Masse und Dichte

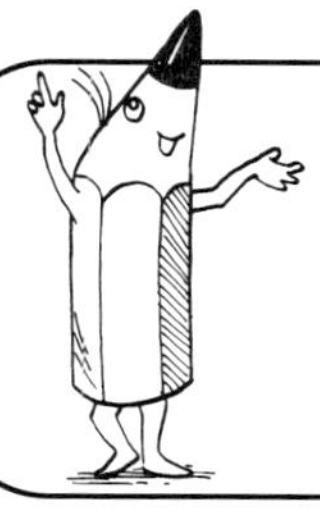

Hintergrund
Atome können vereinfacht als Kugeln dargestellt werden. In den verschiedenen Stoffen haben die Atome nicht nur verschiedene Atommassen. Sie können auch verschieden dicht „gepackt“ sein. Je größer die Atommasse ist und je dichter die Atome gepackt sind, umso größer ist die **Dichte**, umso schwerer ist der Stoff.

So kann man sich die dichteste Kugelpackung bei Metallen vorstellen:

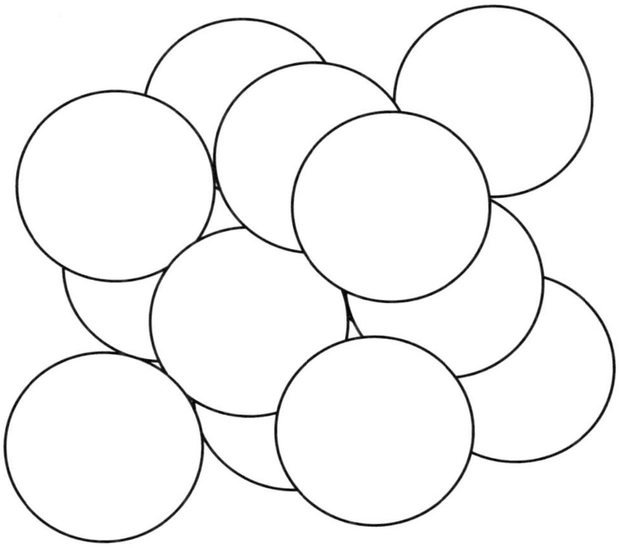

Aufgabe
Welcher der Stoffe (a, b, c, d) hat die größte Dichte bei gleicher Masse der Teilchen? Sortiere die Stoffe der Dichte nach und schreibe die Ziffern von 1–4 in der entsprechenden Reihenfolge darunter.

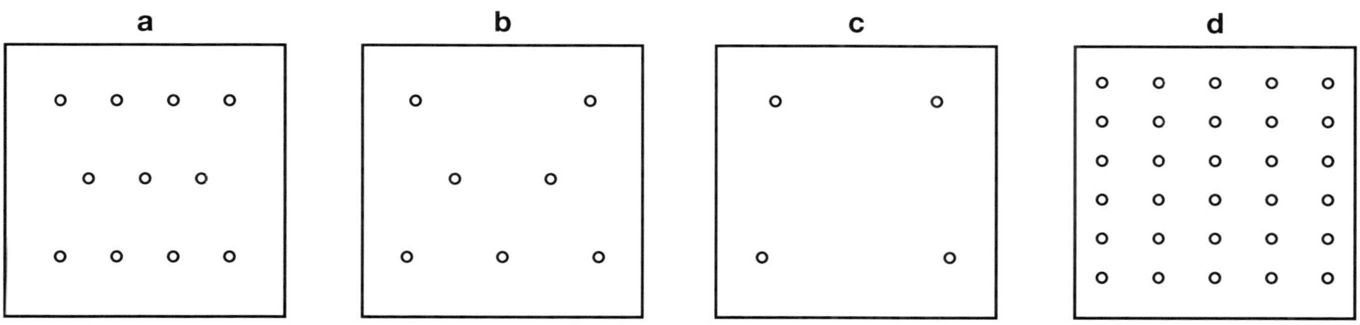

Was ist schwerer: Blei oder Kupfer?

Vorbereitungen

Du brauchst:
- 1 Waage
- 1 Messzylinder
- 1 Bleiblech 2 cm x 10 cm (so zusammengerollt, dass es in den Messzylinder passt)
- 1 Kupferblech 2 cm x 10 cm, zusammengerollt

So gehts

❶ Wiege das Bleiblech und stelle so seine Masse in Gramm (g) fest.

❷ Fülle den Messzylinder mit genau 50 ml Wasser.

❸ Tauche das Blei in das Wasser.

❹ Lies den Wasserstand genau ab und berechne, um wie viel Milliliter (ml) das Wasser gestiegen ist: So stellst du das Volumen des Bleiblechs fest. Gib das Volumen in cm^3 an (1 ml = 1 cm^3).

❺ Der nächste Schritt besteht in der Berechnung der Dichte. Und so wird gerechnet:

Merke
Dichte = Masse (geteilt) durch Volumen
Die Einheit der Dichte ist g/cm^3.

❻ Trage hier dein Ergebnis ein:

Ergebnis
11,341 g/cm^3

❼ Wiederhole die Schritte ❶ bis ❺ mit dem Kupferblech und trage hier die Dichte von Kupfer ein.

Ergebnis
8,9 g/cm^3

Aufgabe
Du siehst hier die Angaben zur Dichte einiger Stoffe:

Kupfer 8,9 g/cm^3
Silber 10,5 g/cm^3
Aluminium 2,7 g/cm^3
Blei 11,3 g/cm^3
Eisen 7,8 g/cm^3
Gold 19,3 g/cm^3
Magnesium 1,7 g/cm^3
Zinn 7,3 g/cm^3

Stell dir vor, dass vor dir auf dem Tisch zwei Metallstücke liegen. Du sollst herausfinden, um welche Metalle es sich handelt. Masse und Volumen sind schon angegeben.
Ergänze die Tabelle mit Angabe der Dichte und des Namens des Metalls.

	Masse in g	Volumen in cm^3	Dichte in g/cm^3	Metall
Probe 1	353,7	45	7,86	Eisen
Probe 2	598,5	57	10,50	Silber

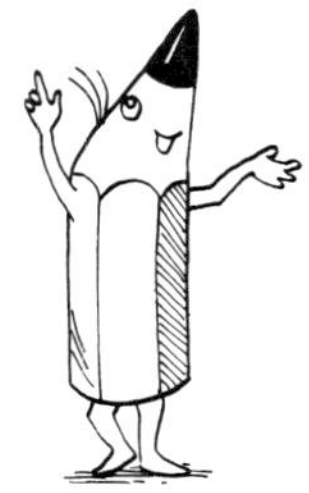

Hintergrund
Lange Zeit wurde angenommen, dass das Atom der kleinste Baustein der Materie ist. Im Jahr 1897 konnte **Thomson** jedoch ein Teilchen mit negativer Ladung, das Elektron, bestimmen. Es ist noch viel kleiner als das kleinste Atom. Der Name Elektron stammt aus dem griechischen Altertum. Man hatte beobachtet, dass mit Wolle oder Fell geriebener Bernstein kleine Wollfäden anzieht. Deshalb nannte man Bernstein **electron** (griech. das Anziehende).
Schon viele Jahre vor Thomson befassten sich Naturforscher mit der Reibungselektrizität und entdeckten das elektrostatische Grundgesetz.

Vorbereitungen

Du brauchst:
- 2 PVC-Kunststofffolien (DIN A4)
- 1 Wolllappen
- 1 Glimmlampe
- dünnes Durchschlagpapier

Merke
Elektrostatisches Grundgesetz: Gleichartig elektrisch geladene Körper stoßen sich ab, ungleich elektrisch geladene Körper ziehen sich an.

So gehts

1. Lege eine Folie flach auf den Tisch und reibe sie mit der trockenen Faust oder einem trockenen Wolltuch.
2. Nimm dann die Folie mit einer Hand hoch und halte mit der anderen Hand die Glimmlampe an die Folie.
3. Wiederhole diesen Versuch und schreibe deine Beobachtungen auf:

Beobachtung
Die Glimmlampe leuchtet auf.

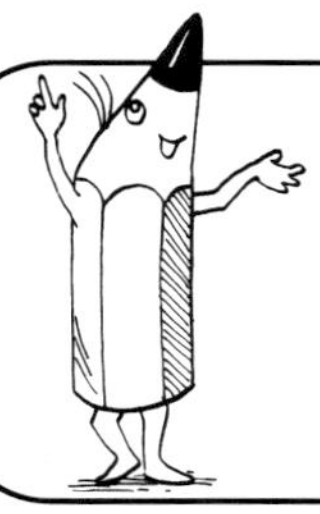

Hintergrund
Deine Glimmlampe enthält ein Gas (Neon), das den elektrischen Strom leitet. Wenn du sie an verschiedene Stellen der geriebenen Folie hältst, fließt durch die Glimmlampe Elektrizität ab, das Gas leuchtet. Das Gas leuchtet stets an der Elektrode auf, bei der negative Ladung in die Lampe eintritt.

Frage
Wie ist deine Folie geladen?

Forschungsergebnis
Die Folie ist negativ geladen.

4 Lege das Durchschlagpapier auf den Tisch und die Folie darauf.

5 Reibe die Folie mit dem Wolllappen. Nimm beide vom Tisch und ziehe die Folie vom Papier ab. Was beobachtest du?

Beobachtung

Es knistert, das Papier und die Folie scheinen aneinanderzukleben.

Frage

Hat das Papier eine negative oder eine positive Ladung?

Forschungsergebnis

Das Papier hat eine positive Ladung.

6 Lege jetzt beide Folien nebeneinander auf den Tisch und reibe sie kräftig.

7 Nimm dann die Folien jeweils an zwei Fingern hoch und versuche, sie zusammenzubringen. Was beobachtest du?

Beobachtung

Die Folien stoßen sich ab.

Frage

Wie deutest du deine Beobachtung?

Forschungsergebnis

Die Folien sind beide negativ geladen und gleichartig geladene Körper stoßen sich ab.

8 Überprüfe deine Deutung mit der Glimmlampe. Schreibe dein Ergebnis auf.

Forschungsergebnis

Die Glimmlampe leuchtet auf, wenn sie an Folie 1 gehalten wird. Die Glimmlampe leuchtet auf, wenn sie an Folie 2 gehalten wird.

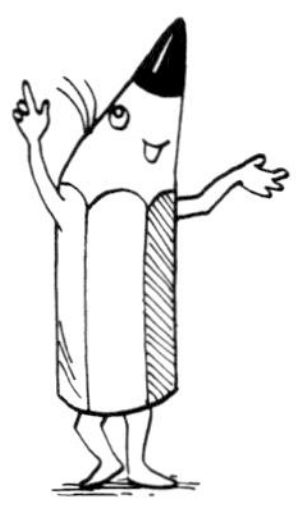

Hintergrund

Und so funktioniert es:
Du hast die Folien elektrisch aufgeladen. Diese Aufladung wird erklärt mit der Annahme von Ladungsträgern. Die negativen Ladungsträger nennt man Elektronen. Sie sind leicht beweglich. Reibt man Kunststofffolie mit Papier oder mit einem Wolllappen, werden Elektronen vom Papier oder vom Lappen auf die Folie übertragen. Die Oberfläche der Folie wird dadurch negativ aufgeladen.

Der Vorgang des Hinzufügens oder Abtrennens von Elektronen spielt in der Chemie eine wichtige Rolle – allerdings erfolgt dann die Übertragung der Elektronen nicht durch Reibung, sondern durch einen chemischen Vorgang.

Extra: Ladungszustände

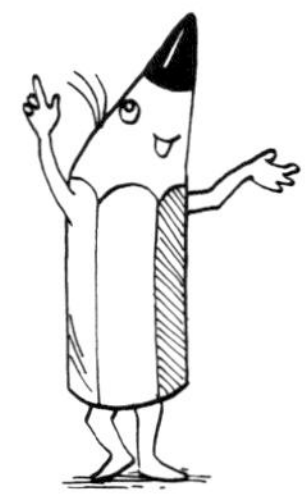

Hintergrund
Du hast gesehen, dass sich geladene Körper abstoßen oder anziehen. Zwischen ihnen wirken anziehende oder abstoßende Kräfte.
Es gibt zwei unterschiedliche Ladungsarten. Die eine Ladungsart bezeichnet man als positiv und die andere Ladungsart als negativ.
Es gibt Körper, die uns ungeladen erscheinen, dann sind beide Ladungsarten in gleicher Menge vorhanden: Der Körper ist weder positiv noch negativ geladen – er ist elektrisch neutral.

Aufgabe
Zeichne die Ladungssymbole in den rechten Kasten und finde den richtigen Begriff.

Ein Körper ist neutral, wenn positive und negative Ladungsarten in gleicher Menge vorhanden sind.	Neutraler Zustand
❶ Verteile 12 rote Symbole für positive Ladungen (+) und 12 blaue Symbole für negative Ladungen (–) gleichmäßig in dem linken Kasten.	

Ein Körper ist elektrisch negativ geladen, wenn bei ihm negative Ladungen überwiegen.	Negativer Ladungszustand
❷ Verteile insgesamt 24 sowohl positive (+) als auch negative (–) Ladungen so, dass die Elektronen überwiegen.	

Ein Körper ist elektrisch positiv geladen, wenn bei ihm positive Ladungen überwiegen.	Positiver Ladungszustand
❸ Verteile insgesamt 24 sowohl positive (+) als auch negative (–) Ladungen so, dass die positiven Teilchen überwiegen.	

Was ist eine Verbindung?

10.1

Du hast bei deinen Versuchen gelernt, dass Kupfer sich mit dem Luftsauerstoff zu einem Oxid verbinden kann. Kupferoxid ist eine Verbindung zweier Elemente: Kupfer und Sauerstoff.
Du hast auch schon mit einer anderen Verbindung experimentiert, mit Kochsalz.

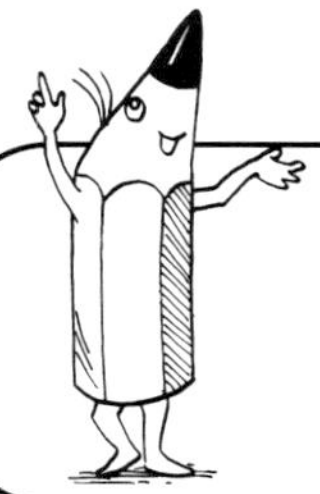

Hintergrund
Der chemische Name von Kochsalz ist Natriumchlorid und die chemische Formel ist NaCl. Kochsalz ist eine Verbindung aus den Elementen Natrium und Chlor.

Um sich diese Verbindung vorstellen zu können, benutzt man folgendes Modell:

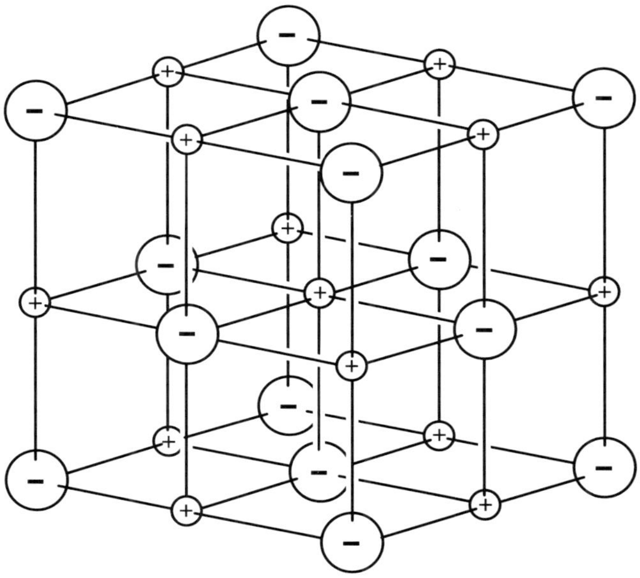

Frage
Wie kommt es, dass Natriumatome und Chloratome überhaupt miteinander verbunden sind – was hält sie zusammen?

Links siehst du das Natriumion (11 positive Ladungen, 10 negative Ladungen) und rechts das Chloridion (17 positive Ladungen, 18 negative Ladungen).

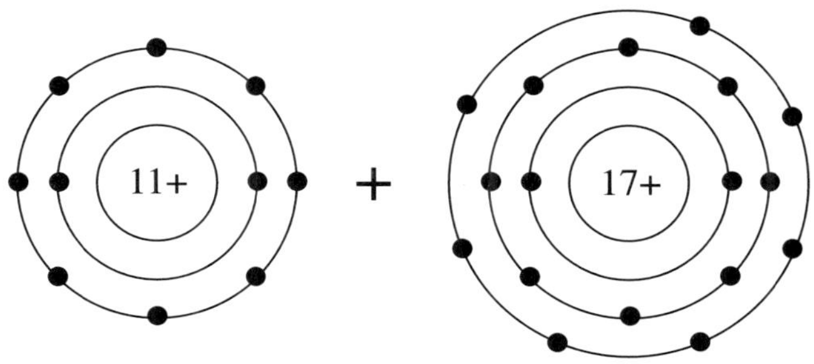

Na^{+} Cl^{-}

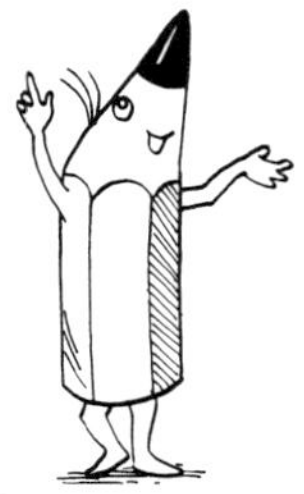

Hintergrund
Das Natriumatom gibt ein Elektron ab. Dadurch hat der Kern ein Proton zu viel, das Atom ist positiv geladen.
Das Chloratom nimmt ein Elektron auf und besitzt eine negative Ladung zu viel, es ist negativ geladen.
Die Anziehung zwischen den beiden entgegengesetzt geladenen Teilchen (Ionen) bewirkt den Zusammenhalt.

Vorbereitungen

Du brauchst:
- 1 Flachbatterie (4,5 V)
- 1 Messkabel mit Krokodilklemmen
- 2 Kohlestäbe aus alten Flachbatterien
- 1 Lampe (3,8 V) in Fassung
- 1 U-Rohr, 1 Becherglas
- 1 Glasstab
- 1 Uhrglas oder Porzellantiegel
- destilliertes Wasser
- Kochsalz
- Phenolphthalein

So gehts

1 Prüfe, ob festes Kochsalz den elektrischen Strom leitet.

Beobachtung
Festes Kochsalz leitet den elektrischen Strom nicht.

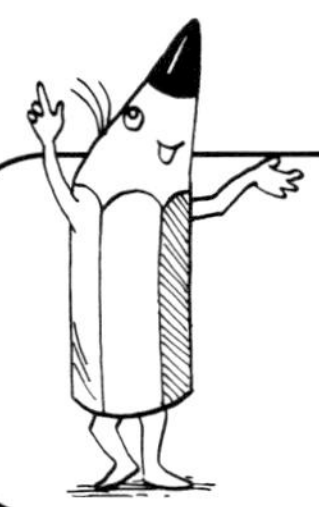

Hintergrund
Wenn du NaCl in Wasser auflöst, werden die Natriumionen und die Chloridionen voneinander getrennt und sind frei beweglich. Die Anziehungskräfte zwischen den Teilchen werden geschwächt.

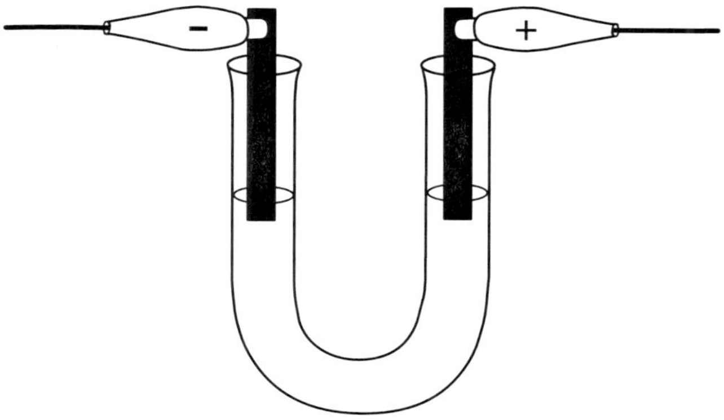

❷ Stelle aus Wasser und NaCl eine gesättigte Lösung her: Verrühre in etwa 100 ml Wasser so viel NaCl, bis sich kein Salz mehr löst. Das erkennt man daran, dass Salz unten liegen bleibt.

❸ Füge einen Tropfen Phenolphthalein hinzu.

❹ Diese Lösung füllst du in das U-Rohr und stellst die beiden Elektroden in das Rohr.

❺ Schließe die Flachbatterie an.

❻ Beobachte die Plus-Elektrode und führe eine Geruchsprobe durch. Schreibe nach etwa 10 Minuten deine Beobachtungen auf und beantworte folgende Fragen.

Sicherheit
Geruchsprobe:
Fächle dir die austretenden Gase vorsichtig mit der Hand zu. Du darfst niemals direkt die Nase darüberhalten.

1. Frage
Was siehst du an der Plus-Elektrode?

Beobachtung
Es sammeln sich Gasbläschen.

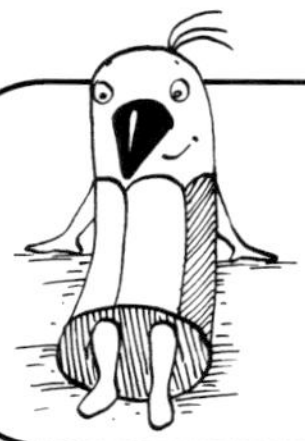

2. Frage
Woran erinnert dich der Geruch? Um welchen Stoff könnte es sich handeln?

Beobachtung
Es riecht wie im Schwimmbad nach Chlor.

3. Frage
Was siehst du an der Minus-Elektrode?

Beobachtung
Die Lösung färbt sich violett. Die Färbung wird immer intensiver und dunkler.

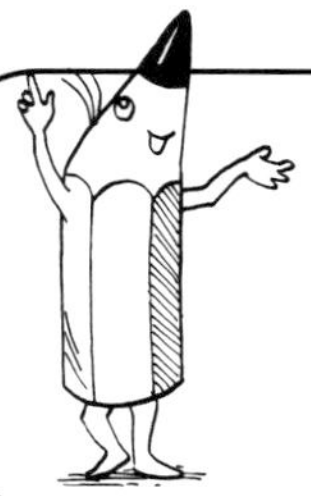

Hintergrund
Durch eine chemische Reaktion kann eine **Verbindung** entstehen: Aus zwei oder mehr Elementen bildet sich ein einziger neuer Stoff. Der Begriff Verbindung bezeichnet nicht den Vorgang der Reaktion oder den Zusammenhalt der Elemente, sondern das Ergebnis – den neu entstandenen Stoff.

Bleibt die Masse erhalten?

Vorbereitungen

In diesem Versuch verwenden wir die Stoffe Eisen (Fe, lat. ferrum) und Schwefel (S, lat. sulfur).

Du brauchst:

- 1 Schutzbrille
- 1 Reagenzglas
- 1 Reagenzglashalter
- 1 Reagenzglasständer
- 1 Spiritusbrenner
- 2 Uhrgläser
- 1 Waage
- 1 Spatel
- 1 Magnet
- 1 Schere
- 1 Glühlampe
- Eisenspäne oder Eisenpulver
- Schwefelpulver
- Stromversorgung (Gleichstrom)
- Papier

So gehts

1. Wiege das leere Reagenzglas.
2. Wiege 5 g Eisenspäne/Eisenpulver auf einem Uhrglas ab.
3. Wiege auf dem anderen Uhrglas 2,9 g Schwefelpulver ab.
4. Prüfe beide Stoffe, ob sie vom Magneten angezogen werden.

Beobachtung
Eisen wird vom Magneten angezogen. Schwefel wird nicht vom Magneten angezogen.

5. Prüfe beide Stoffe, ob sie den elektrischen Strom leiten.

Beobachtung
Eisen leitet den elektrischen Strom. Schwefel leitet den elektrischen Strom nicht.

6. Vermische beide Stoffe mit dem Spatel gründlich auf einem der Uhrgläser.
7. Stelle aus einem Blatt Papier eine Gießrinne her, mit der du das Eisen-Schwefel-Gemisch in das Reagenzglas rutschen lässt.
8. Wiege das Reagenzglas mit seinem Inhalt.

Was ist eine chemische Reaktion?
Das Gesetz von der Erhaltung der Masse

11.2

9 Fülle die Tabelle mit Bleistift für Eisen (Fe) und Schwefel (S) aus.

Versuchsprotokoll

Stoff	Beschaffenheit, Farbe	Leitet Strom?	Vom Magneten angezogen?	Gewicht ohne Reagenzglas in g
Fe	Späne, Pulver grau	ja	ja	5,0
S	Pulver, gelb	nein	nein	2,9
Fe + S	—	—	—	7,9
FeS	Kristalle, grau	nein	nein	7,9

10 Erhitze das Eisen-Schwefel-Gemisch über dem Brenner. Nimm das Reagenzglas aus der Flamme, wenn das Gemisch durchgeglüht ist.

Sicherheit
Schutzbrille nicht vergessen!

11 Lasse das Reagenzglas abkühlen und wiege es samt Inhalt.

12 Trage das Gewicht des Eisensulfids in die Tabelle ein. Denke daran, dass du das Gewicht des Reagenzglases abziehst.

13 Stelle die Eigenschaften und das Aussehen des Eisensulfids fest und vervollständige die Tabelle.

Aufgabe
Vergleiche die Massen, die du durch Wiegen erhalten hast:
Gemisch von Fe + S = 7,9 g
FeS = 7,9 g

Merke
Bei chemischen Reaktionen ist die Summe der Massen der Ausgangsstoffe gleich der Masse der Reaktionsprodukte.

Wiederholungsaufgaben

1. Woran hast du erkannt, dass eine chemische Reaktion stattgefunden hat? Nenne zwei Beobachtungen, lies dazu auch den Hintergrund-Text auf S. 51.
Lösung: Das Gemisch glüht an einer Stelle auf. Das ganze Gemisch glüht durch. Das Glühen hört auf und es befindet sich graue Substanz im Reagenzglas.

2. Was bedeutet Fe? Nenne das deutsche und das lateinische Wort.
Lösung: Eisen, ferrum

3. Was bedeutet S? Nenne das deutsche und das lateinische Wort.
Lösung: Schwefel, sulfur

4. Wie heißt der neue Stoff aus diesen beiden Stoffen? Nenne auch die chemische Formel.
Lösung: Eisensulfid, $Fe + S \rightarrow FeS$

5. Ist Eisensulfid eine Verbindung?
Lösung: Ja

6. Wie heißen die beiden Ausgangsstoffe dieser chemischen Reaktion?
Lösung: Eisen und Schwefel

7. Wie heißt das Reaktionsprodukt?
Lösung: Eisensulfid

8. Ist bei dieser Reaktion Masse verloren gegangen, etwas hinzugekommen oder ist die Masse gleich geblieben?
Lösung: Die Masse ist gleich geblieben.

9. Warum hast du dem Gemisch aus Eisen und Schwefel Wärme zugeführt?
Lösung: Um die Reaktion einzuleiten

10. Zu welchem Zeitpunkt wurde Wärme abgegeben?
Lösung: Während der chemischen Reaktion

11. Trage die Begriffe in die folgende Darstellung in die Kästchen, über einem der Kästchen und einer Linie ein: Fe-S-Gemenge – Verbindung FeS – Wärmezufuhr – chemische Reaktion, Wärmeabgabe

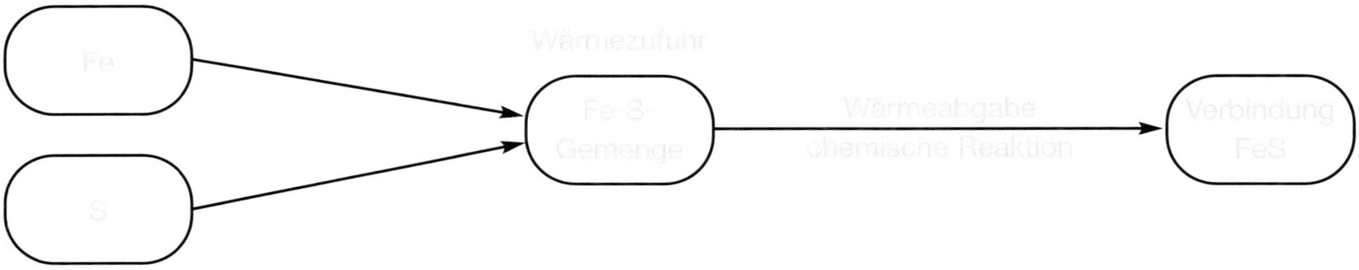

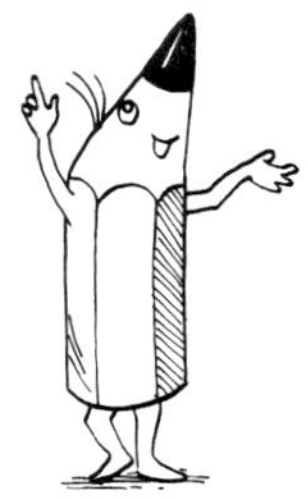

Hintergrund
Bereits vor etwa 250 Jahren kannte man eine große Zahl chemischer Reaktionen, darunter auch Verbrennungsvorgänge. Dabei stellte man **Masseveränderungen** der beteiligten Stoffe fest: Bei der Verbrennung von Holz ergab sich ein Verlust der Masse; die Asche war leichter als das Holz. Offenbar war bei der chemischen Reaktion der Verbrennung etwas verloren gegangen.
Der russische Gelehrte Michail Lomonossow kam 1756 auf die Idee, verschiedene Stoffe in einem zugeschmolzenen Glasgefäß zu verbrennen. So konnte während des Versuchs nichts verloren gehen.

Vorbereitungen

Du brauchst:
- 1 Schutzbrille
- 1 Waage, die das Zehntel eines Gramms (g) wiegen kann
- 1 Reagenzglas
- 1 Reagenzglashalter
- 1 Luftballon
- 1 Spiritusbrenner
- Streichhölzer

Sicherheit
Schutzbrille nicht vergessen!

So gehts

1. Breche 3 Streichholzköpfe ab und lass sie in das Reagenzglas rutschen.
2. Verschließe das Reagenzglas mit dem (nicht aufgeblasenen) Luftballon.
3. Stelle die Masse des Reagenzglases (mit Streichholzköpfen und Ballon) fest.

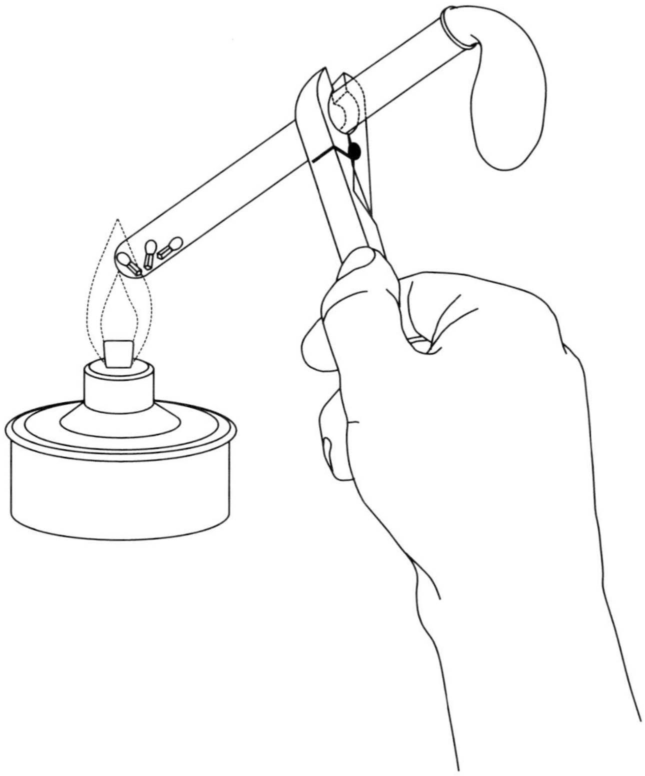

Ergebnis
Masse **vor** dem Abbrennen:

_______________ g

Was ist eine chemische Reaktion?
Das Gesetz von der Erhaltung der Masse

11.5

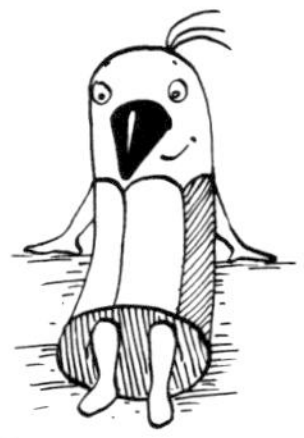

Denkaufgabe
Wenn du das Reagenzglas über einem Brenner erhitzt, werden sich die Streichholzköpfchen entzünden, das Holz wird verbrennen.

Frage
Ist die Masse des Reagenzglases mit Verbrennungsprodukten und Ballon danach größer, kleiner oder gleich geblieben?
Hier deine Vermutung: Die Masse ist gleich geblieben.

❹ Führe den Versuch durch.

❺ Stelle danach die Masse des Reagenzglases fest; entferne weder den Ballon noch den Inhalt.

Ergebnis
Masse **nach** dem Abbrennen:

________________ g

❻ Vergleiche die Messergebnisse vor und nach dem Versuch und schreibe dein Versuchsergebnis auf:

Versuchsergebnis
Die Masse ist gleich geblieben.

Merke
Du hast festgestellt, dass die Masse der Ausgangsstoffe genauso groß ist wie die Masse der Verbrennungsprodukte.
Dass im Verlauf einer chemischen Reaktion keine Masse verloren geht und keine Masse gewonnen wird, nennt man das **Gesetz von der Erhaltung der Masse.**

Edelgase, Edelgaskonfigurationen und PSE — 12.1

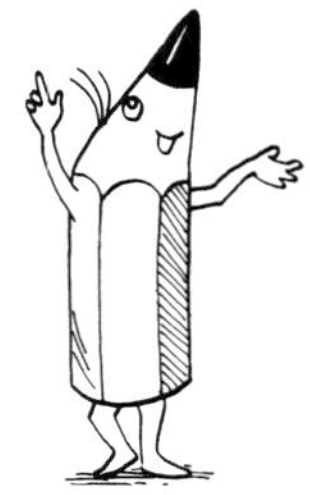

Hintergrund

Die meisten Elemente besitzen die Fähigkeit, Verbindungen zu bilden. Nur die Edelgase (Helium, Neon, Argon, Krypton, Xenon und Radon) bilden keine chemischen Verbindungen, weder mit sich selbst noch mit anderen Elementen.

Die **Edelgase** haben eine gefüllte Außenelektronenschale: Bei Helium ist sie mit 2 Elektronen gefüllt und bei den anderen Edelgasen mit 8 Elektronen. Die anderen Elemente haben eine unvollständig besetzte Außenschale. Aber auch sie können in einen **edelgasähnlichen Zustand** gelangen, indem sie die Außenschale mit „fremden" Elektronen auffüllen oder Elektronen abgeben. Das ist möglich, wenn sich mehrere Atome miteinander verbinden.

Merke

Den Elektronenzustand der Edelgase mit ihrer komplett mit Elektronen gefüllten Außenschale nennt man Edelgaskonfiguration. Sie wird auch als Oktett (griech. okto = acht) bezeichnet, wenn sich auf der äußersten Schale 8 Elektronen befinden.

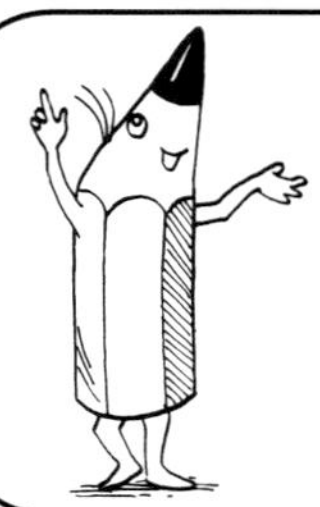

Hintergrund

Das PSE ist in 8 Hauptgruppen eingeteilt, die mit römischen Ziffern bezeichnet werden, sowie in Nebengruppen, auf die hier nicht eingegangen werden soll. Die römischen Ziffern geben die Anzahl der Elektronen auf der Außenschale an. Eine Ausnahme ist Helium; es steht in der 8. Hauptgruppe der Edelgase, hat aber nur 2 Elektronen auf der Außenschale.

Aufgaben und Übungen mit dem PSE

1. Nenne die Elemente, die auf ihrer Außenschale 8 Elektronen haben:

Lösung: Neon, Argon, Krypton, Xenon, Radon

2. Wie heißen die Elemente der 8. Hauptgruppe?

Lösung: Edelgase

3. Wie nennt man den Elektronenzustand der Edelgase?

Lösung: a) Oktett
b) Edelgaskonfiguration

4. Trifft diese Antwort auch für Helium zu?

Lösung: a) Nein, Helium hat nur 2 Elektronen in der Außenschale.
b) Ja

5. Am linken Rand des PSE findest du eine Einteilung von 1 bis 7. Damit ist die Zahl der Schalen bezeichnet. Die 1. Schale, die K-Schale, kann mit höchstens 2 Elektronen besetzt sein. Wie viele Schalen hat das Element Helium?

Lösung: 1

6. Schreibe w für wahr und f für falsch hinter die folgenden Sätze:

Das Element Neon hat 2 Schalen. w
Auf seiner Außenschale befinden sich 8 Elektronen. w
Neon hat eine Edelgaskonfiguration. w
Das Edelgas Argon hat auf der L-Schale 8 Elektronen. f
Das Element Chlor hat eine Edelgaskonfiguration. f
Heliumatome können sich miteinander verbinden. f

Du weißt, wie wichtig Chemie ist. Die chemische Industrie entwickelt und stellt her: Werkstoffe oder Medikamente, Düngemittel, aber auch Gifte gegen Lebewesen, die wir Menschen als schädlich bezeichnen. Hier ist die Chemie die Grundlage für Forschung und Anwendung. In den folgenden Versuchen kannst du Chemie ebenfalls anwenden, um selbst zu forschen.

Nachweis von Vitamin C in Nahrungsmitteln

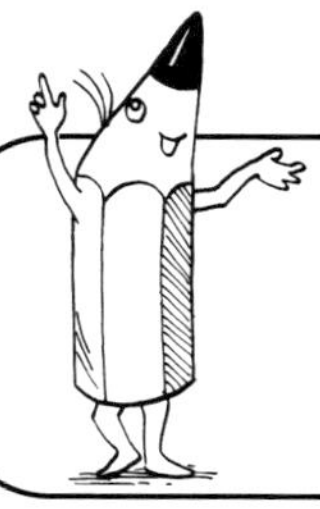

Hintergrund
Vitamine sind wichtig für unsere Gesundheit. Vitamin C ist in vielen Nahrungsmitteln enthalten und hilft uns, Infekte abzuwehren.

Vorbereitungen

Du brauchst:
- 1 kleinen Kristall Kaliumpermanganat
- 1 Litermaß
- 1 Becherglas
- 1 Pipette
- 1 Uhrglas
- 2 Reagenzgläser
- 1 Reagenzglashalter
- 1 Messer
- 1 Trichter
- Vitamin-C-Pulver
- destilliertes Wasser
- Filterpapier

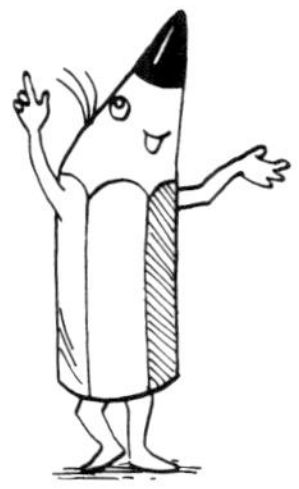

Hintergrund
Diese Kaliumpermanganat-Lösung wird durch Vitamin C entfärbt. Wenn also ein Lebens-/Nahrungsmittel Vitamin C enthält, entfärbt es die Kaliumpermanganat-Lösung.

Die zu untersuchenden Materialien könnt ihr untereinander aufteilen: Fruchtsaft, kleine Stücke verschiedener Obstarten und Gemüse, gekochte Kartoffel, Brot, Vollkornbrot, beliebige Garten- oder Wildpflanzen.

So gehts

1. Aus einem Kristall Kaliumpermanganat und reichlich Wasser wird im Litermaß eine schwach rosa Lösung hergestellt – unser Nachweismittel.

2. Gib etwa 50 ml der Lösung in ein Becherglas.

3. Gib eine kleine Spatelspitze Vitamin-C-Pulver in die Lösung im Becherglas und rühre um.

Beobachtung
Vorher: Die Lösung ist leicht rosa gefärbt. Nachher: Die Lösung ist farblos.

4 Nimm etwas Material von Gemüse oder Obst auf ein Uhrglas. Dieses Material wird klein geschnitten oder zerdrückt, bis Saft austritt.

5 Gib destilliertes Wasser hinzu, bis das Uhrglas voll ist.

6 Filtriere die Mischung in ein Reagenzglas. Du brauchst so viel, bis die Mischung ca. 1 cm hoch im Reagenzglas steht. Eventuell musst du noch etwas Material bereiten.

7 Schüttle das Reagenzglas gründlich durch. Halte den Daumen oben auf die Öffnung, wenn du schüttelst.

8 Gib in ein weiteres Reagenzglas 1 cm hoch Kaliumpermanganatlösung.

9 Mit einer Pipette tropfst du langsam die Lösung der Probe oder die Saftprobe in die Kaliumpermanganatlösung. Zähle die Tropfen, die du brauchst, bis eine Entfärbung eintritt.

10 Führe in der folgenden Tabelle ein Protokoll über deine Versuche.

11 Spüle nach jedem Durchgang gründlich die Reagenzgläser und die Pipette.

Versuchsprotokoll

	Bezeichnung	Vitamin C: ja	Vitamin C: nein	Anzahl der Tropfen
Probe 1				
Probe 2				
Probe 3				
Probe 4				
Probe 5				
Probe 6				
Probe 7				